Kuhn · Tage in Wien

Gianni Kuhn

Tage in Wien

Novelle

Isele

Alle Rechte vorbehalten
© Edition Isele, Eggingen 2008
Umschlag: »MuseumsQuartier Wien«,
Aquarell von Gianni Kuhn
Druck: AZ-Druck, Kempten
ISBN 978-3-86142-445-1
www.edition-isele.de

1. Tag

Joseph Birnbaum, ein fünfzigjähriger, glatzköpfiger Biologielehrer aus einer kleinen Ortschaft am Neusiedlersee im Burgenland und Präsident einer dortigen ornithologischen Gesellschaft, bestieg bei Tagesanbruch, es war ein heller, aber kalter Oktobermorgen, den Zug nach Wien in der Absicht, sich während einer Woche im Naturhistorischen Museum gründlichst mit den dortigen Sammlungen auseinanderzusetzen. Nach zwei Stunden Fahrt erreichte er an diesem Mittwoch den Südbahnhof, fuhr mit der Strassenbahn ins Zentrum, bezog sein Zimmer im nahegelegenen Hotel und erreichte gegen 11 Uhr vormittags den Maria-Theresia-Platz mit seinen eigentümlich geschnittenen Eibenbäumen. Es kam ihm so vor, als hätten Riesenkinder diese wohl fünf Meter hohen, gegen oben leicht konisch werdenden Gebilde mit Gugelhopfformen gemacht. Dazwischen gab es kleinere, kaum menschengrosse Kugeln aus Thuja, die wegen des trockenen Sommers an einigen Stellen braun verfärbt waren. Und über allem herrschte die Statue von Maria Theresia. Der Platz lag zwischen dem Naturhistorischen und dem Kunsthistorischen Museum. Stellte sich Birnbaum genau in die Mitte des Platzes und beschaute sich das eine und dann wieder das andere dieser zwei langgezogenen, beinahe identischen Gebäude, kam er sich vor wie ein Spiegel, flach, glatt und alles reflektierend.

Er rieb sich die Augen, sog die frische Luft in seine Lungen und wandte sich zum Naturhistorischen Museum, das vor dem tiefblauen Himmel wie ausgeschnitten dastand. Die Vorderfront wurde gerade renoviert, weshalb dort ein Gerüst stand, das bis ganz hinauf zum

Kupferdach reichte. Auf einem Emailschild, das an einem in den Rasen gerammten Holzstab befestigt war, stand: »ACHTUNG Fassadenschaden. Kein Durchgang.« Auf einem zweiten: »ACHTUNG. Bei Glatteis dürfen nur die bestreuten Wege begangen werden.« In der Nähe des Eingangs schliesslich: »Betreten der Baustelle verboten. Eltern haften für ihre Kinder.«

Zwei Dinge waren Birnbaum in Wien, wo er jedes Jahr mindestens einmal einen Tag im Naturhistorischen Museum verbrachte, aufgefallen: zum einen die Ruhe und Unaufgeregtheit, die in dieser Stadt herrschten, so dass einem ein Autohupen richtiggehend aufschreckte, und zum andern die unzähligen Verbots- und Gebotstafeln. Seine Kollegen machten sich manchmal sogar lustig über Birnbaum, weil er jede Tafel, jedes Hinweisschild, jede Grabinschrift, sogar die Schilder mit den Strassennamen, halblaut las.

»Die Leute denken, du seist nicht ganz dicht«, verhöhnten sie ihn und schlugen sich dabei mit der flachen Handinnenseite an die Stirn. Birnbaum versuchte das laute Lesen zu unterdrücken, was ihm manchmal ganz ordentlich gelang. Im Geiste musste er aber weiterhin alles, was ihm vor die Augen kam, lesen. Ab und zu, wenn keine Menschen in der Nähe waren, hörte er seine Stimme wieder einmal einen Text von einem Schild ablesen, gerade so, als wollte er ihn seiner Tochter vorlesen.

In einem am Gerüst befestigten vergitterten Warenlift sah er einen Malermeister in weisser Arbeitskleidung unter knatterndem Motorenlärm nach oben gleiten. Den Kopf tief in den Nacken gelegt, sah Birnbaum, wie der Maler oben bei einem der vier Tabernakel ankam, die auf dem Dach standen und die je eines der vier Elemente symbolisierten. Darüber der blaue Äther, der ihn zu sich hinaufsaugen wollte. Das spürte Birnbaum ganz deutlich, doch er konnte sich nicht wehren. So war es damals gewesen, als er noch den Kindergarten besuchte. Anstatt nach Hause zu gehen, lag er oft im Gras, den Duft der Kamillen in der Nase, das Summen der Bienen in den Ohren, und über ihm blinzelte die Sonne durch die belaubten Äste der Apfel- und Birnbäume. Sein grösserer Bruder hatte behauptet, er könne die kleinen weissen Wolken bewegen, weil er magische Kräfte besitze. Joseph war sich nicht sicher, ob er ihm das glauben sollte oder nicht. Aber er selbst träumte damals davon, auf einer weissen Wolke über das Land zu schweben. Wie die Störche auf ihrem Zug nach Afrika wollte er alles überblicken können.

Als er einmal so im Gras lag und hinaufschaute, roch er plötzlich diesen Rauch. Es kam immer wieder vor, dass jemand Holz oder irgendwelchen Abfall verbrannte, doch diesmal pochte sein Herz. Etwas war da nicht in Ordnung. Er erhob sich, schaute wie von einem Leuchtturm aus in Richtung des Rauchs und sah die brennende Scheune vom alten Nitsch. Wie versteinert blieb er stehen, doch dann rannte er zum Feuer. Es war eine gefrässige Bestie, die vor seinen Augen tobte und Funken sprühte. Wie eine Raubkatze mit blutiger Schnauze nicht vom geschlagenen Wild ablässt, so frass sich der Feuerteufel immer tiefer ins trockene Holz.

Birnbaum riss seine Augen von dieser grenzenlosen Bläue los, weil er plötzlich vermeinte, in der Tiefe der Erinnerungen zu ertrinken, so, wie wenn man oben auf einem Turm steht und sich vorstellt, wie es wäre, wenn man einer plötzlichen Eingebung folgend runterspränge. Einfach so, ohne zu überlegen. Und so ging es ihm mit dem blauen Himmel. Die Härchen an seinen Unterarmen hatten sich aufgestellt, er roch den Zigarettenrauch des Malergesellen neben sich. Birnbaums Herz schlug immer noch wie verrückt, er schluckte leer. Er hätte nicht sagen können, wie lange er so dagestanden hatte, und das beunruhigte ihn.

Joseph Birnbaum senkte den Kopf, massierte sich mit der Hand den versteiften Nacken, atmete ein paar Mal tief durch, nickte dem Malergesellen zu und ging die breit ausladende Aussentreppe hoch, die wegen der Renovationsarbeiten ein dunkelblau bemaltes Schutzdach bekommen hatte. Er umfasste mit der Hand die goldene Klinke, um so die schwere Holztüre zu öffnen. Sogleich schlug ihm eine angenehme Wärme entgegen. Er wandte sich nach rechts, löste an der Kasse ein Eintrittsticket und stand in der Eingangshalle, in deren Mitte der liebevoll Ötzi genannte Gletschermann aus längst vergangenen Zeiten als bemaltes Gipsmodell sass. Er trug Fellkleider, einen Fellhut, unter dem sein langes Haar hervorquoll, und Lederschuhe. So sass er im Schneidersitz in seine Arbeit vertieft da. In seiner linken Hand hielt er einen Pfeilschaft, in der rechten die Pfeilspitze, die zu befestigen er im Begriffe war. Der Gletschermann schien nicht bemerkt zu haben, dass Joseph Birnbaum vor ihm stand. Es schien ihn auch nicht zu interessieren, dass Birnbaum Biologielehrer, Mineraloge und Vogelkundler war, der ihm das eine oder andere über die heutige Zeit hätte erzählen können. Der Gletschermann hob nicht einmal seine Augen.

Birnbaum wandte sich nach rechts, um sich an seinem ersten Tag wie geplant intensiv mit gewissen seltenen Mineralien zu beschäftigen, doch irgendetwas zog ihn geradeaus die Stufen hoch in Richtung der Sonderausstellung über den Ötzi. Er kam sich vor wie ein Schiff, dessen Kompass durch einen riesigen Magneten von der Nordrichtung abgelenkt wird. Er blieb stehen. Er zögerte und überlegte sich, ob er sein Programm wirklich umstellen sollte.

Ach was, dachte er, dann geh ich eben zuerst, sozusagen als Auftakt, als Vorspiel, als Präludium, in die Sonderausstellung. Schliesslich habe ich sieben Tage Zeit. Sonst hatte ich immer nur einen einzigen Tag zur Verfügung. Ein alter Narr wie ich sollte sich auch einmal etwas gönnen, etwas wagen, sich auf etwas Neues einlassen. Wer weiss, vielleicht falle ich noch heute die Treppe hinunter, breche mir alle Knochen und bleibe tot liegen. Oder ich werde von einem Auto angefahren, mein Rückenmark wird durchtrennt, und ich lande im Rollstuhl. Ein Ornithologe im Rollstuhl. Da würden sich die Vögel wohl bald auf mir niederlassen wie auf dem Heiligen Franziskus, schmunzelte er.

Er ging nun freudig entschlossen die Marmorstufen hoch, dann nochmals ein paar Stufen links, durchschritt die Wanderausstellung zum Thema Parasiten und ging vorbei an Spul- und Bandwürmern, an Leberegeln, Wanzen, Läusen, Flöhen, die in den Räumen 17 bis 19 in Vitrinen, auf Fotos und Videos gezeigt wurden. Schliesslich betrat er den Raum 16, in dem die Wanderausstellung zum Gletschermann untergebracht war.

Eben verliess eine Schulklasse unter heftigem Rascheln, Geklapper und Geplapper den Raum in Richtung Hallstatt-Kultur, Saal 15, und er konnte sich in die Ausstellung vertiefen. Die verbrauchte Luft war erfüllt vom Geruch nach Parfüm, Kaugummi und Schweiss. In einem Video sah er, wie der durch den Schnee watende Gletschermann von hinten mit einem Pfeil an der linken Schulter getroffen wurde. In diesem Augenblick, und der schien ewig zu dauern, riss er sich den Pfeil aus dem Fleisch, doch die Spitze blieb offensichtlich im Körper stecken. Hatte sie bereits die Hauptschlagader durchstossen? Anschliessend sah sich Birnbaum Farbzeichnungen von anderen möglichen Todesvarianten wie Erfrieren und Einsinken im Eis eines kleinen Sees an.

Vor seinem inneren Auge sah Birnbaum jetzt die Eisschollen auf dem Neusiedlersee, die Eisplatten auf der Donau, er sah den Bruder seines Vaters gegen die gewaltigen Platten ankämpfen, die ihn zu zermalmen drohten. Doch diese Erinnerung war nur wie ein Aufblitzen aus den Tiefen seiner eigenen Vergangenheit, ihm kaum wirklich bewusst.

Birnbaum ging der langen Ausstellungswand entlang, welche den Raum der Länge nach teilte, und schaute sich an, wie der Gletschermann geborgen worden war, wie er sich ernährt hatte, was wohl seine mögliche Mission gewesen sein könnte. Schliesslich kam er zu einer gespannten Bogensehne, an der er zog. Beim ersten Mal bewegte sie sich kaum. Beim zweiten Versuch ging es schon besser. Eine Anzeige gab die Zugkraft und die daraus resultierende Weite des imaginären Schusses an. Beim dritten Versuch brachte er es immerhin auf zwölf Meter. Er konnte zufrieden sein.

In diesem Moment hörte er ein Stöhnen. Er schaute auf und sah einen torkelnden Mann auf sich zukommen. Er versuchte ihn zu stützen, doch dieser klammerte sich an ihm fest, und schliesslich fielen sie gemeinsam zu Boden, so dass Birnbaums Kopf dumpf auf dem Parkett aufschlug. Als er wieder zu sich kam, bemerkte er mit Entsetzen, dass dem etwa vierzigjährigen Mann ein Pfeil tief im Rücken steckte. Während des Falls hatte sich Birnbaum wohl Halt gesucht. Wieso hielt seine rechte Hand sonst das feststeckende Geschoss fest? Als er sich aus der Umklammerung gelöst hatte, versuchte er, den Pfeil herauszuziehen, doch er liess sich nicht bewegen. Birnbaums Atem stockte. Sein Mundinneres war ausgetrocknet. Eine Ewigkeit schien zu vergehen, ohne dass er sich hätte rühren können. Schweiss stand ihm in dicken Perlen auf der Stirn. Nun erst sah er die sich schnell vergrössernde Blutlache. Augenblicklich rannte er los, zuerst durch die Säle mit der Hallstattkultur, bog dann zur Eisenzeit ein, wo er wegen des dick versiegelten Holzbodens ins Rutschen geriet und vollends ausglitt, sich aber schnell wieder hochrappelte, weiter durch die Bronzezeit, vorbei an der Kultfigur der Venus von Willendorf, dann wieder rechts und schliesslich die Marmortreppe hinunter zum Eingangsbereich.

»Ein Unfall. Der Ötzi«, rief er und wäre dabei beinahe erstickt.

»Aber guter Mann. Das wissen wir doch. Der Gletschermann ist schon längst tot. Und dem toten Körper kann hier auch nichts geschehen, weil er gar nicht hier ausgestellt wird. Das Original liegt im Kühlraum.«

»Nicht der Gletschermann.«

»Wer dann?«

»Ein Mann liegt, von einem Pfeil getroffen, in der Ausstellung.«

»Ach ja? Wieso sagen Sie das nicht gleich?«

Der Garderobier und eine hinzugekommene Aufsichtsperson gingen schnellen Schrittes in die Ausstellung, und als sie den Ernst der Lage begriffen, forderten sie mit dem Handy die Ambulanz und die Polizei an. Sie schauten sich weiterhin fassungslos an. Als die Sanitäter kurz darauf eintrafen, hatte das Blut bereits den Durchgang zu den Parasiten erreicht. Der Mann mit dem Pfeil im Rücken bewegte sich nicht mehr. Die zwei Sanitäter stillten die Wunde und hievten den Verunfallten sorgsam auf eine Bahre. Wie Engel kamen sie den Umstehenden vor.

»Putzen Sie das doch bitte auf«, sagte der herbeigerufene Leiter des Museums zu einer der Aufsichtspersonen.

»Moment mal«, widersprach ihm der eben eingetroffene Polizist, »zuerst müssen wir die Spuren sichern, um den Unfallhergang rekonstruieren zu können. Und haben wir Zeugen?«

»Er«, sagten die Umstehenden im Chor und zeigten mit dem Finger auf Birnbaum, noch bevor er selbst ein Wort hätte sagen können.

»Trifft das zu, Herr?«

»Birnbaum, Joseph Birnbaum. Ja, das trifft zu.«

»Und wo waren Sie genau? Könnten Sie sich nochmals auf den alten Platz zurückbegeben?«

Birnbaum wurde schwindlig. Alles begann sich zu drehen, und er sah sich wieder als Kind, er hörte das Lachen des Mädchens, dann ein ersticktes Schreien, ein Glucksen. Die auffliegenden Vögel. Störche vor dem hellblauen Himmel. Ein Rotmilan. Die Sonne blendete ihn. Er hielt die Hand vor das Gesicht und wandte sich ab. Als er die Augen wieder öffnete, war alles vorbei. Etwa so wie nach einem Sommergewitter.

»Träumen Sie? Wo genau Sie standen, habe ich Sie gefragt«, herrschte ihn nun der Polizist an.

»Entschuldigen Sie. Etwa hier.«

»Sie waren also beim Bogen, als dem Mann dieser Pfeil in den Rücken geschossen wurde?« fragte er weiter.

»Bei der Bogensehne. Es gibt hier gar keinen Bogen.«

»Gut. Sie standen bei der Bogensehne, von wo Sie durchaus einen Pfeil hätten abschiessen können?«

»Nein, ich meine, wie sollte man mit einer Sehne ohne Bogen, und überhaupt, ich war alleine im Raum. Ich hörte lediglich dieses Zischen, dieses Stöhnen, dann kam dieser Mann auf mich zu. Ich denk noch, der ist betrunken, doch da packt er mich, ein dumpfer Aufschlag, und ich muss bewusstlos geworden sein. Als ich aufwache, seh ich den Pfeil und versuch ihn rauszuziehen.«

»Sie versuchten den Pfeil herauszuziehen? Das darf doch nicht wahr sein. Wie sollen wir da noch andere Fingerabdrücke als die Ihren finden, wenn Sie alles berührt haben. Oder haben Sie den Pfeil…«

»Sie meinen doch nicht…«

»Ich unterstelle Ihnen nichts. Aber eigenartig ist die Geschichte schon.«

Bald darauf trafen die Männer und Frauen der Spurensicherung ein, zogen weisse Handschuhe an, öffneten silberne Koffer, holten Fläschchen mit Flüssigkeiten heraus, Pinsel, Kreide und eine Lupe. Einen Fotoapparat schraubten sie auf das mitgebrachte Stativ. Alle schauten ihnen fasziniert zu.

»Jetzt aber alle raus hier«, herrschte der Polizist die Gruppe von Schaulustigen an. »Und Sie«, dabei winkte er Birnbaum zu sich, »Sie halten sich doch bitteschön zur Verfügung. Sie warten am besten im Café Nautilus im ersten Stockwerk auf mich.«

Als Birnbaum, bereits im Café, durch das Fenster auf den Platz hinunterblickte, der ihm am Morgen noch so verheissungsvoll erschienen war, wurde ihm wieder schwindlig. Im letzten Moment vor dem Umfallen rettete er sich an eins der Tischchen.

»Beruhigen Sie sich«, hörte er eine weiche und doch bestimmte Stimme sagen, die ihn an seine frühe Kindheit, an Tante Gertrude erinnerte.

»Hier, nehmen Sie eine Melange und ein grosses Stück Dobostorte. Das gibt Ihnen wieder Energie.«

»Ein schrecklicher Unfall, nicht wahr?« sagte Birnbaum mehr zu sich selbst als zu ihr. Dabei schaute er zur Kellnerin hoch wie damals zur Tante, als der Onkel gestorben war.

»Wie konnte es nur geschehen, dass sich ein Pfeil löste?« hakte die Kellnerin nach.

»Was reden denn alle von Pfeilen. Es hatte doch gar keine Pfeile, lediglich eine gespannte Sehne, um die eigene Schusskraft zu messen.«

»Was? Ah, da kommt der Uniformierte von vorhin.«

Der junge Polizist stellte sich breitbeinig vor ihm auf.

»Also bitte, lassen Sie doch den Herrn Professor, Sie sehen doch, wie ihn die Sache mitgenommen hat.«

»Und wer sind Sie?« wollte der Polizist wissen.

»Mein Name ist Juditta von Krems, und ich serviere hier.«

»Entschuldigung«, meldete sich Birnbaum mit brüchiger Stimme zu Wort, »ich bin nicht Professor. Ich bin Biologe, vor allem Gesteinskundler und Ornithologe.«

Dabei sah er in ihre hellen, klaren Augen, von denen etwas Reines ausging, als entspränge dort eine Quelle.

»Ornitho-was?« hakte der Polizist nach.

»Vogelkundler.«

»Ach ja. Vogelkundler. Ich verstehe. Dann müssten wir gleich einmal Ihre Personalien haben, Name, Beruf, Wohnort, dann Ihre Fingerabdrücke. Den Pass müssen wir einziehen, bis wir mehr Klarheit haben.«

Der Mann mit dem dunkelgrünen Jackett, der sich rührig um die Garderobe der Besucher kümmerte, stand plötzlich neben ihnen.

»Er ist tot.«

»Was? Wer?«

»Der Verunfallte.«

»Und woher wollen Sie das so genau wissen? Sind Sie hellsichtig?« wollte der Polizist wissen.

»Ich muss Sie schon bitten. Wir haben einen Toten, und Sie machen Witze.«

»Ich mache keine Witze«, antwortete der Polizist. »Der Tod ist eine ernste und würdige Sache. Vor allem hier in Wien. Also, woher wollen Sie wissen, dass er tot ist?«

»Auf dem Transport ins Krankenhaus verschieden. Ich habe eben das Telefonat entgegengenommen.«

»Nun, wieso sagen Sie das nicht gleich. Das verändert natürlich alles.« Dabei schaute er Birnbaum von oben herab an.

»Wie meinen Sie das?« erkundigte sich dieser mit belegter Stimme.

»Dann haben wir hier wohl einen Fall für die Mordkommission. Und Sie sind, wie es scheint, der einzige Zeuge dieses Mordes und haben zudem noch überall Ihre Fingerabdrücke hinterlassen. Wir haben hier sozusagen eine Neuauflage des Ötzimordes«, präzisierte der Polizist triumphierend, als wäre er für die Schlagzeilen einer führenden Wiener Tageszeitung zuständig.

Birnbaum schluckte leer, das Atmen fiel ihm schwer, und wieder begann sich alles vor seinen brennenden Augen zu drehen wie auf einem Karussell.

»So lassen Sie doch diesen armen Mann in Frieden mit Ihren Mutmassungen. Sie sehen doch, er ist ganz durcheinander«, nahm ihn Juditta von Krems in Schutz.

Die Frau vom Verkaufsshop nickte.

»Für weitere Fragen werden wir Sie in den nächsten Tagen im Hotel kontaktieren. Haben Sie verstanden?

Oder wir kommen gleich in dieses Museum. Da werden wir Sie wohl meistens antreffen. Sehe ich das richtig? Jedenfalls bleiben Sie vorläufig in Wien.«

Birnbaum nickte, doch es kam den Umstehenden so vor, als sähen sie eine leblose Puppe, die von einem Spieler bewegt wird. Birnbaums Mund war trocken, er blickte ins Leere und mochte nichts mehr sagen. Innerlich war er von der Todesnachricht dermassen aufgewühlt, dass er nicht einmal fähig gewesen wäre, auch nur einen klaren Gedanken zu fassen.

Waren die Zugvögel längst fort, fror der Neusiedlersee im Winter auf ein paar Wochen oder gar Monate zu. Mit Schlittschuhlaufen war aber meistens trotzdem nichts. Wenn es nämlich heftig stürmte und schneite, versank die ganze Gegend in Schneeverwehungen. Manchmal blieb das Eis aber auch blank. Dann gingen sie alle Schlittschuh laufen. Und gegen Ende des Winters, wenn eine schnelle Erwärmung einsetzte, barsten die Platten an der Wasseroberfläche. Die angetauten Eisschollen türmten sich dann, vom starken Nordwestwind getrieben, am Ostufer des Sees zum meterhohen Eisstoss. Sein Vater pflegte ihnen jedes Jahr, kaum hatte das Tauwetter eingesetzt, von den historischen Eisstössen zu berichten, etwa von den zwei grossen auf der Donau im Jahre 1830, von denen viele Häuser in ehemaligen Vororten von Wien betroffen waren. Mit tödlicher Sicherheit kam er dann auf die tragischen Ereignisse beim Eisstoss von 1929 in Wien zu sprechen, welche, wie er jeweils betonte, sein weiteres Leben entscheidend geprägt hätten.

2. Tag

In der folgenden Nacht konnte Birnbaum kaum ein Auge schliessen. Er wälzte sich im Bett von einer Seite auf die andere und überlegte, ob er abreisen sollte. Er knipste das Licht an, ging zum Fenster, schaute lange den schnell ziehenden nächtlichen Wolken nach, fragte sich, wieso er denn nicht runtersprang. Über seine eigenen Gedanken entsetzt, wich er vom Fenster zurück, trank Wasser und goss es sich über den Kopf. Er schaute sich sein Gesicht im Spiegel an. So sah er also nach einem Tag und einer halben Nacht in Wien aus. Nur noch ein Schatten seiner selbst, ein eingeschüchterter älterer Herr. Er knipste das Licht aus, legte sich hin, hörte draussen auf der Gasse Stimmen, träumte im Halbschlaf von einem glühenden Eisen, dann wieder von ertrinkenden Augen, die ihn unverwandt anglotzten. Er stand wieder auf, ging zum Fenster, dann ins Bad, legte sich wieder hin und versuchte einzuschlafen. Kurz darauf hörte er ein Poltern, ein metallenes Klicken, wohl das Ladegeräusch von Pistolen, dachte er. Er war darauf gefasst, dass die Polizei gleich die Türe einträte, um ihn festzunehmen. Doch da war nichts.

Die Tauben gurrten, und draussen kündigte sich ein schöner Herbsttag an. Es war Donnerstag. Der Stundenzeiger seines Weckers zeigte auf sechs Uhr. Dafür, dass er vierundzwanzig Stunden kaum ein Auge zugetan hatte, war er unwirklich wach. Im Spiegel musterte er seinen nackten Körper, den Bauch, seine silbergrauen Haare, die Furchen um seinen Mund, die Augenringe, die buschigen Augenbrauen, und er fragte sich, ob ihn Juditta attraktiv fände, wenn sie ihn so sähe. Dabei versicherte er sich, dass er mit dieser Sache im Museum nichts zu tun hatte. Ein reiner Zufall. Es hätte irgendjemand dort zugegen sein können, als das Unglück geschah. Und vielleicht war das Ganze eine Fügung des Schicksals, das ihm endlich wieder eine Liebesbeziehung bescherte. Möglicherweise würde er zu Juditta von Krems sogar eine tiefergehende und länger anhaltende Beziehung aufbauen können. Er stellte sich unter die Dusche und spürte das wohlig warme Wasser. Frauen legen unter der Dusche immer alles Mögliche ab, dachte er, Haarspangen, Halsschmuck, Ohrringe, Fingerringe, Fusskettchen, was auch immer. Als er daran dachte, versteifte sich sein Penis.

Als er vom warmen Bad ins kalte Zimmer trat, fand er es töricht zu glauben, dass sich eine so junge Frau ausgerechnet in ihn verlieben sollte, wo es doch in dieser Stadt so viele gutaussehende und vor allem jüngere Männer gab. Vielleicht hegte sie, obwohl sie eine Generation jünger war als er, eher mütterliche Gefühle für ihn. Oder sie war schlicht und einfach hilfsbereit und einfühlsam, wie das viele Frauen sind, und er hatte das mit echter Zuneigung verwechselt.

Im Frühstücksraum roch es nach Speck und Eiern. »Der Ötzimörder von Wien hat zugeschlagen« stand da in grossen Lettern auf der Frontseite einer Wiener Tageszeitung geschrieben. Das tönte, als wäre hier ein Serienmörder am Werk, da fehlte nur das kleine Wörtchen »wieder«.

»Das hat wohl dieser übereifrige Polizist in Umlauf gebracht«, zischte Birnbaum, so dass sich einige der anwesenden Hotelgäste nach ihm umdrehten. Birnbaum war der Appetit vergangen.

Als er das Hotel verlassen wollte, stand da bereits ein Polizeiauto.

»Wenn Sie bitte zur Einvernahme mitkommen wollen.«

Nach drei Stunden war er wieder draussen. Offensichtlich hatten sie auf dem Pfeil noch andere Fingerabdrücke gefunden, die sie bereits in ihrer Kartei führten.

»Sie haben Glück. Die Jungs sind uns bekannt. Sonst hätten wir Sie gleich hierbehalten. Ich hoffe, dass wir die bald kriegen. Dann wissen wir, wer der Mörder ist. Die nächsten paar Tage müssen Sie deswegen hier in der Stadt bleiben. Vielleicht auch länger.«

Birnbaums Kopf schmerzte, aber er war froh, wieder auf freiem Fuss zu sein. Er ging Richtung Innenstadt, ohne genau zu wissen wohin. Sollte er nach diesem Vorfall, diesem Unfall oder Mord oder was auch immer es war, das Naturhistorische Museum überhaupt noch betreten? Wo doch dieser Polizist, weshalb war ihm schleierhaft, wusste, dass er die meiste Zeit dort zu verbringen gedachte. Selbst der hellblaue Herbsthimmel schien ihn zu verhöhnen. Vielleicht sollte er sich den Kopf freimachen, etwas Luft schnappen, die Umgebung wechseln, Wien war schliesslich eine Millionenstadt mit vielen Vororten. Seine Frau war oft in Wien gewesen, um ihre Schwestern zu besuchen. Da hatten sie ihm jeweils Ansichtskarten geschrieben, die er dann an die Wand pinnte. Und waren die Schwestern einmal bei ihnen am Neusiedlersee zu Besuch, schwärmten sie von den Süssigkeiten der Zuckerbäcker, von der Oper, den Museen und vor allem von der Hofburg, eben von diesem ganzen Prunk und Reichtum, aber vor allem auch von diesen Wanderungen in der Umgebung der Stadt, so dass ihre Gesichter ganz erhitzt waren und ihre Augen glänzten. Wie er sie dafür liebte.

Nun war alles anders. Er war allein in Wien, hatte einen Sterbenden gesehen, und schon wurde es ihm zu viel. Er musste raus hier. Jetzt war die Gelegenheit, dachte er, jetzt könnte er einen der Orte aufsuchen, die er seit seiner Jugendzeit nicht mehr gesehen hatte. Wieso nicht nach Grinzing zum Heurigen fahren? Da hätte die Polizei sicher nichts dagegen. Oder hinauf auf den Kahlenberg, den Hausberg Wiens? Von der Terrasse könnte er den Blick über die Stadt schweifen lassen. Und dann ginge er durch den dichten Wald steil hinunter. Den Abstecher in den kleinen, versteckten Waldfriedhof würde er sich gönnen. Dort ruhte nämlich Karoline Traunwieser, die angeblich schönste Wienerin zur Zeit des Wiener Kongresses. Bald würde sich der Wald lichten, und sein Blick würde sich auf das Donautal weiten, er ginge zwischen Rebhängen hinunter nach Nussdorf. Und stand da nicht auch das Heiligenstädter-Testament-Haus, wo Beethoven, der oft in dieser Gegend weilte, diesen langen, verzweifelten Brief an seine Brüder schrieb, in dem er ihnen von seiner Taubheit berichtete? Birnbaum mochte nichts mehr hören, nichts mehr sehen, nein, er wollte nicht einmal mehr an diesen Toten im Museum denken. Er wollte sich aber auch nicht zu weit vom Zentrum entfernen, als hinge er an einer unsichtbaren Nabelschnur an dieser Stadt.

In einen Park! Davon hatte es in Wien ja wirklich viele. Die Farbe von grünem Gras, grünen Blättern und Nadeln hatte ihn schon seit seinen frühen Kindertagen fasziniert. Aber auch die herbstlichen Farben der Natur, selbst die kahlen Bäume im Winter, die ihre Äste wie Wurzeln in die Weite des Himmels strecken, liebte er nicht weniger. Wenn sein Inneres aufgewühlt war, vermochten sie ihn zu beruhigen und zu besänftigen.

»Nehmen Sie das nicht so tragisch. Andere waren bei

Bombenangriffen dabei und mussten zusehen, wie ihre eigenen Kinder, ihre Eltern und Grosseltern, ihre Schwestern und Brüder zerfetzt wurden. Und Sie? Sie sehen einen Fremden sterben. Ein Zufall. Es hätte ebensogut jemand anders im Raum sein können. Das ist wie bei einem Verkehrsunfall. Da macht es bum, da fliesst Blut, da liegen Verletzte und Tote. Das geschieht hier täglich. Nur sind dann andere Menschen zugegen. Der Mann ist tot. Das steht fest. Und Sie können daran auch nichts mehr ändern. Versuchen Sie doch, sich etwas abzulenken.«
»Aber wenn jemand mit Absicht...«
»Pscht, ganz ruhig, vergessen Sie das. Menschen sterben, und wir können nicht verstehen, wieso, und Menschen werden geboren. Auch da fragen wir nicht lange nach. Wir sind glücklich, wir sind überwältigt, und wer weiss, vielleicht werden Sie«, und dabei schaute sie ihm tief in die Augen, »vielleicht werden Sie in diesen Tagen in dieser Stadt neu geboren.«
Das hatte ihm Juditta gestern gesagt. Diese Worte aus ihrem Mund waren Balsam auf seiner Seele, gaben ihm wieder etwas Mut. Jetzt erinnerte er sich wieder an ihren liebevollen Blick. Sie hatte ihn in ihren weichen, warmen Arm genommen und zu einem der östlichen Fenster geführt.
»Schauen Sie dort«, hatte sie gesagt, als ob sie einem Kind etwas erklären wollte, »das ist der Zwilling von diesem Gebäude hier, nämlich das Kunsthistorische Museum auf der anderen Seite des Maria-Theresia-Platzes. Gebaut von Gottfried Semper, in Auftrag gegeben von unserem hochgeliebten Kaiser Franz Joseph I., der im vorletzten Jahrhundert die Stadtmauer da vorne schleifen liess, um diese prächtige Ringstrasse mit den Museen, dem Parlament, der Oper zu schmücken. Gehen Sie doch

rüber ins Kunsthistorische, da können Sie sich an den alten Meistern erfreuen. Das wird Sie auf andere Gedanken bringen, das können Sie mir glauben. Raffael, Giotto, Michelangelo, um nur drei zu nennen.«

»Aber ich«, hatte er gestern noch gestottert, »am liebsten ginge ich wieder nach Hause.«

»Nein, aber nicht doch. Abreisen können Sie jetzt sicherlich nicht, soweit ich das mitbekommen habe, weil Sie der Polizei noch nähere Angaben zum Tathergang machen müssen.«

»Aber ich...«

»Wer würde wegen so was gleich die Flinte ins Korn werfen«, sagte sie, als wolle sie ein kleines Kind aufmuntern. »Sie haben doch gesagt, Sie wollten sieben Tage in Wien bleiben, um hier im Museum Ihre Studien zu betreiben.«

»Habe ich das gesagt?«

»Wie auch immer. Schauen Sie sich diese wunderbare Stadt an. Diese Chance kommt so schnell nicht wieder. Bleiben Sie in Wien, und Sie werden es nicht bereuen.«

Ja, vielleicht hatte sie recht, dachte er jetzt. Eine begnadete Verkäuferin schien sie jedenfalls zu sein, das war ihm klar. Wieso nicht in dieses Kunsthistorische Museum, wieso nicht seinen Horizont etwas erweitern? Sicherlich hatte es da viele gemalte Landschaften, Tiere, vielleicht sogar Vögel im Flug. Und der Ausflug ins Grüne lief ihm ja nicht davon.

Ohne sich dessen richtig bewusst zu sein, stand er nun doch wieder auf dem Maria-Theresia-Platz. Im Hintergrund sah er grauweisse Wolken wie gemalt über dem Museumsquartier und dem dahinter aufsteigenden Spittelberg mit dem Flakturm aus dem Zweiten Weltkrieg. Es gab drei solcher Turmpaare in Wien, immer aus einem

Beobachtungsturm und einem Schiessturm bestehend, das wusste er von seinem Vater, der längere Zeit in dieser Stadt gewohnt hatte, bevor er an den Neusiedlersee zog. Im Esterházy-Park hatten sie in einen solchen Flakturm ein Naturmuseum mit Fischen in Aquarien, mit Terrarien und einigen Vögeln eingebaut. Dort war er letztes Jahr gewesen.

Jetzt durchschritt Joseph Birnbaum den Maria-Theresia-Platz, der eigentlich ein kleiner Park war. Wie Mahnmale erschienen ihm heute die zugeschnittenen Eibenbäume unter diesem unwirklichen Himmel. Als die Sonne sich hinter einer Wolke versteckte, verspürte er plötzlich eine Beklemmung in der Brust, eine Trauer, eine tiefe Einsamkeit. Er wusste nicht, woher dieses Gefühl kam. Es war einfach da. Erst als die Sonne wieder auftauchte und alle Farben um ihn herum wieder hell aufleuchten liess, konnte er sich wieder bewegen.

Die Haupttreppe des Kunsthistorischen Museums war durch ein mehr als mannshohes Gitter abgesperrt. Auf beiden Seiten befand sich ein rollstuhlgängiger Nebeneingang, von je einem Bronzeengel bewacht.

»Engel sind ein gutes Omen«, sagte er halblaut vor sich hin, »und gute Omen kann ich jetzt gebrauchen.«

Birnbaum löste das Ticket, trat in die Halle und war etwas erstaunt, dass hier kein in die Arbeit vertiefter Ötzi sass. Kein Fellhut, keine Fellschuhe, kein Pfeil in der Hand. Dafür hatte es ganz oben an der Treppe eine überlebensgrosse Skulptur mit dem Titel »Theseus besiegt den Kentauren, von Antonio Canova, Rom, 1805-1819, in Marmor gefertigt.«

Ungleiche Zwillinge, dachte er, denn alles war hier dunkler als im Naturhistorischen, die Säulen schwarz mit weissen Einsprengseln, Adern und Aderngeflechten.

Dazu viel Gold. Eine Stimmung wie in einer russischen Kirche, fehlte nur noch der entsprechende Geruch. Birnbaum schloss unwillkürlich die Augen. Eines Tages kam ein neuer Schüler, er hiess Sergej. Der Lehrer setzte ihn neben Joseph. Sergejs Vater, der alte Tamarassow, kam aus dem hohen Norden Russlands, aus Archangelsk, einer Stadt, die für ihre Holzsägewerke bekannt ist. Anfänglich hatte Tamarassow im Wienerwald zwischen Mostviertel und Industrieviertel eine Anstellung als Forstingenieur gefunden. Gewohnt hatten sie bis anhin in St. Pölten. Nun hatte er einen Lehrauftrag in der Nähe erhalten, und sie waren an den Neusiedlersee gezogen. Ab und zu war Joseph bei den Tamarassows zu Hause. Der Vater trank tatsächlich Wodka in rauhen Mengen, sass gerne im Trainingsanzug vor dem Fernseher, während seine Frau am Kochen war. Dies alles kannte Joseph schon aus den sogenannten »Russengeschichten«, die in der Schule die Runde machten. Dazu gehörte natürlich auch »Ded Moros«, also Väterchen Frost, und seine Enkelin »Snegurotschka«, was soviel wie Schneeflöckchen heisst. Vor allem die Mädchen schwärmten von diesem Paar. Jetzt erinnerte Birnbaum sich. An einem ausserordentlich frostigen Abend hiess ihn seine Mutter beim Bauern die Milch in einem Aluminiumkesselchen holen. Joseph liebte das Knirschen des Schnees unter seinen Schuhen, doch plötzlich hörte er diesen feinen und zarten Gesang, von Glöcklein begleitet. Er blieb stehen und stellte die Milch auf den Boden.

»Snegurotschka, bist du das?«

Es kam keine Antwort, doch wie aus dem Nichts fielen ganz feine Schneeflocken vom Himmel. Joseph schaute hinauf, als träumte er. Er war sich sicher, dass dies nur Snegurotschka gewesen sein konnte. Doch hoch oben, wo die Flocken herkamen, spürte er eine leichte Bewegung, als befände sich dort ein sanft gewelltes Meer. Er wusste nicht, wie lange er so dagestanden war, doch er fühlte seine Finger kaum noch. Plötzlich hatte er fürchterliche Angst, er glaubte, hier jämmerlich erfrieren zu müssen. Wie von Sinnen rannte er los.

»Wo warst du so lange, und wo ist die Milch?« fragten ihn die Eltern, als er ausser Atem zu Hause ankam.

»Ich...«, stammelte er.

»In einer solch kalten Nacht kann man schnell einmal erfrieren da draussen. Du darfst da nicht rumtrödeln und träumen. Hast du verstanden?«

Joseph nickte. Sein Vater ging dann mit der Taschenlampe hinaus und kam kurz darauf mit der halbgefrorenen Milch zurück. Doch das spielte keine Rolle, denn seine Eltern waren froh, dass er noch am Leben war.

Sergejs Vater, der alte Tamarassow, konnte erzählen wie kein zweiter. Er schwärmte von den endlosen russischen Wäldern, den lichten Birken, den dunklen Fichten, den Bären und Wölfen, der Jagd auf die Rehe und vom Holzschlagen, und er beschrieb alles bis ins letzte Detail, so dass Joseph die Erde dieses weiten Landes zu riechen begann. Dorthin wollte er auch einmal, wenn er gross war.

Joseph war zwölf, als ihn Sergej einmal zur Seite nahm und ihn in das Nebengebäude führte. Hinter der Werkbank hingen an einem Brett an der Wand Schraubenzieher, Hämmer, Zangen, Handsägen, Feilen und Schraubzwingen. Etwas seitlich stand eine Sägemaschine, die dem Geruch nach erst kürzlich in Betrieb gewesen war, und dann war da noch dieser Schweissbrenner, dazu gehörte ein Handkarren, auf dem eine Sauerstoff- und eine Acetylenflasche standen. Die Schweisserbrille hing an der

Kalkwand. Es roch nach Öl, Benzin und frischem Holzleim. Sergej kramte hinter einem Balken ein abgegriffenes Heft hervor. Da konnte Joseph in aller Deutlichkeit und in Farbe sehen, was er noch nie gesehen hatte: die Scham einer Frau, den erigierten Penis eines Mannes und in einer Bildabfolge, wie der Mann das Glied in die Scheide steckte. Es wurde Joseph seltsam zu Mute, und doch spürte er eine Faszination, eine ungekannte Erregung. So würden Kinder gemacht, klärte ihn der kleine Sergej grossmäulig auf. Joseph konnte es kaum glauben.

»Ich kann dir das mal ausleihen, das kannst du gut gebrauchen, du weisst schon.«

Joseph begriff nicht recht, doch dann öffnete Sergej seinen gespannten Hosenladen, um ihm zu zeigen, wie das geht.

In diesem Augenblick hörten sie die Türe knarren. »Wo seid ihr denn wieder hin«, rief Sergejs Vater. »Es gibt Soljanka, Schaschlik und Blini. Das habt ihr doch so gerne.«

Birnbaum öffnete die Augen. Wie kam es, dass er sich plötzlich wieder so intensiv an seine Vergangenheit erinnerte? Er wusste es nicht. Er liess sich vom Menschenstrom in die Sonderausstellung mit Bildern von Francis Bacon, die am Vorabend eröffnet worden war, mitziehen. Schreiende Päpste, sich windende und kopulierende männliche Körper, verzerrte, verschobene, zerrissene, entstellte, verschmierte Gesichter, sich mit ihren Schatten plagende, von ihren Schatten verfolgte Porträtierte. Birnbaum tupfte sich den Schweiss vom Gesicht und atmete schwer. Wieder sah er den in seinem Blut liegenden Mann vor sich auf dem Boden liegen, den Pfeil im Rücken. Trotzdem blieb er bei diesen gemalten Fleischbergen, diesen schmerzverzerrten Gesichtern, diesen verwundeten Körpern stehen. Irgendwie gaben sie ihm Trost, besänftigten sie ihn. Mit einem Male wurde er ganz ruhig, so als ginge ihn das alles nichts an. Er sah sich als kleines Kind, hörte, wie seine Mutter redete und redete, stundenlang von ihren Schwestern erzählte, von den Einnahmen und Ausgaben im Rebberg, den Verkostungen, den Jahrgängen, den Läusen, den Erntehelfern, dem Weihnachtsgeschäft, den Hypotheken, und wieder von ihren Schwestern, von der Innenausstattung ihrer Häuser, von deren Männern, ihrem Gehalt, ihren Kindern, den Schulkosten, dem Haushaltsgeld, den Kinderkrankheiten, dem Tod eines Bekannten, ohne dass Joseph auch nur ein Wort hätte behalten können. Wie ein kleiner, unnachgiebiger Fels stand er in der Brandung ihres Redeschwalls.

Tische und Stühle standen im Café des Kunsthistorischen Museums unter modernen Niedervoltlampen, die an einem Gestänge, welches das Modell einer Molekülkette hätte sein können, befestigt waren. Birnbaum bestellte ein Gulasch, neben Tafelspitz und Schnitzel eine der drei tragenden Säulen der wienerischen Gastronomie. Dazu klassischerweise ein Seidl Bier.

»A Gulasch und a Seidl Bier«, wiederholte der Ober. »Eine gute Wahl, übrigens auch eine beliebte und wirkungsvolle Frühstücksvariante nach durchzechter Nacht.«

»Ach ja?«

Birnbaum blickte in die Richtung des Naturhistorischen Museums, sah die Wolken darüber, die vielleicht wirklich nur gemalt und nicht echt waren. Gerade in dieser Stadt dünkte ihn das Künstliche, das Theatralische, das Überspitzte die Realität auszumachen, auch wenn man das auf den ersten Blick nicht wahrnehmen konnte.

»Herr Ober, haben Sie einen Pharisäer?« fragte er, nachdem er gegessen hatte.

»Nein, wir haben keinen Kaffee mit Rum, wenn Sie das meinen. Aber wenn ich Ihnen einen Maria-Theresia empfehlen könnte.«

»Und das wäre?«

»Maria-Theresia, das ist ein Kaffee mit Orangenlikör und viel Schlagobers.«

»Ja, dann nehm ich den«, antwortete Birnbaum, wobei er bemerkte, dass der Herr Ober Juditta ziemlich stark, sogar sehr stark glich. Wie aus dem Gesicht geschnitten. Ebenfalls schwarzes, jedoch kurzes Haar, eine griechische Nase zwischen zwei wachen Augen, weicher Mund, ein klares Profil. Zuvorkommend im Bedienen, was er hier in Wien nicht bei allen Obern erlebt hatte. Zum Kaffee nahm er auch hier ein Stück Dobostorte, eine Kreation des ungarischen Konditors Josef Dobos, Dobosch ausgesprochen, wie ihn der Kellner wohlwollend korrigierte.

Nach dieser Stärkung ging Birnbaum an Theseus vorbei die Treppe hinunter und trat in den Saal XV ein, wo sein Herz sehr schnell und heftig zu schlagen begann. Da hingen dunkle Rembrandts, doch Birnbaums Erregung kam nicht von den Bildern, es war wegen der Zahl fünfzehn. Der nächste Saal war wohl die Nummer XVI, das Gegenstück zum Unglücksraum in der Ötzi-Ausstellung, der ebenfalls diese Nummer trug. Nun schlug sein Herz noch heftiger, so dass es aus dem Takt geriet. Geistesgegenwärtig massierte er sich den Brustkorb, um seinem Herzen auf die Sprünge zu helfen. Als es seinen Rhythmus wieder gefunden hatte, suchte Birnbaum besagten Raum, doch es schien hier keinen mit der Nummer sechzehn zu geben, was ihn beruhigte.

»Wenn nicht rauf, dann halt runter«, murmelte er.
In Saal XIV überraschten ihn riesengrosse Rubensbilder mit Titeln wie »Verkündigung Mariae«, »Himmelfahrt Mariae« oder »Die Wunder des heiligen Ignatius von Loyola«. Er schaute sich die Werke intensiv an. Es wollte in ihm keine fromme Stimmung aufkommen. Im Gegenteil, nach allem, was Joseph Birnbaum erlebt hatte, fand er mehr Gefallen an Bacon.
In Saal XIII liess er sich von einem Venusfest von Rubens betören. Ein junger Mann mit einer hellbraunen Baskenmütze, den Kopf mit einer Hand abgestützt, die Füsse übereinandergeschlagen, war in Betrachtung der Bilder eingeschlafen. Das weckte Birnbaum vollends. Seine Gefühlsstimmung war nun geradezu beschwingt. Er kam sich vor wie ein Genussmensch in den besten Jahren, der die Musik, die Literatur, die Gemälde, das Essen, den Wein und vor allem die Frauen liebt. Er sah sich schon mit Juditta von Krems, wie sie bei ihm untergehakt zusammen durch die abendliche Innenstadt flanierten. Da war nichts mehr von der bleiernen Einsamkeit, die ihn in letzter Zeit so oft umfangen hatte. Er kam sich vor wie in einer Seifenblase, doch er wollte nicht wissen, wann diese platzen würde. Er wollte diesen Moment des Glücks geniessen.
Im Saal XII trafen ihn die Werke von Peter Brueghel dem Älteren wie ein Blitzschlag. »Der Turmbau zu Babel«, »Die Jäger im Schnee (Winter)« von 1565 oder »Kampf zwischen Karneval und Fasten« faszinierten ihn gleichermassen. Hier war er wieder bei dem, was ihn vor seinem Aufenthalt hier in seinen Bann gezogen hatte. Das einsame Jagen, die Kälte, das Verzichten, die Sprachlosigkeit in all dem Gerede.
Vom Nebenraum her, wo er ein Gemüsegesicht von Archimboldo hängen sah, kam eine Frau in den Durch-

gang, wo sie stehen blieb. Birnbaum konnte nicht ausmachen, ob es ihr derart übel war, dass sie sich beim nächsten Schritt hätte übergeben müssen, oder ob sie an Gleichgewichtsstörungen litt, vielleicht eine Nervenkrankheit hatte. Etwa nach fünf Minuten schaffte sie es mit Hilfe einer Freundin mit kleinsten Schritten wenigstens bis zur nächsten Sitzgelegenheit. Wie schon beim jungen, schlafenden Mann vorher kam es Birnbaum so vor, als sei sie aus einem dieser Bilder entsprungen. Der Unterschied zwischen den gemalten und den echten Menschen schien ihm kleiner als je zuvor.

Vor dem Bild »Die Bauernhochzeit« blieb er lange stehen, setzte sich schliesslich auf das dunkelgrau bezogene Sofa, schaute und schaute und sah bald nur noch gewisse Details: ein Gewehr, einen Dudelsack und vor allem die Pfauenfeder auf dem viel zu grossen Hut auf dem Kopf eines Kindes, das eben einen Teller ausschleckte. Hin und her ging die Feder. Jetzt spürte er die Müdigkeit nach dieser unruhigen Nacht. Und tiefer in seinem Innern war wieder diese Traurigkeit, die in weichen Wellen in ihm hochstieg. Hin und her ging die Pfauenfeder, hin und her, hin und her. Er nickte ein.

Als er aufwachte, sah er einen Mann direkt vor sich auf dem grünen Teppich liegen, umgeben von Splittern eines blendend weissen Suppentellers. Ein scharfes Stück steckte tief in seinem Hinterkopf. Blut sickerte aus der Wunde des Mannes, ein kleines, aber stetes Rinnsal. In kürzester Zeit bildete sich eine Menschentraube. Wie Fliegen hingen die Schaulustigen mit ihren Augen, mit ihrem Empfinden und mit ihrer Lüsternheit an diesem schwer verletzten Mann.

»Eine Katastrophe«, hörte Birnbaum einen älteren, fein gekleideten Mann mit hochrotem Kopf sagen.

»Jawohl«, antwortete seine Begleiterin mit krächzender Stimme so energisch, dass ihr beinahe der Hut vom Kopf gefallen wäre.

»Kann denn niemand um Hilfe rufen?« beklagte sich eine junge, bleichgesichtige Frau in Jeans mit heiserer Stimme.

»Wo ist denn hier die Aufsichtsperson? Sonst tanzen sie einem dauernd vor der Nase herum, doch wenn man sie mal braucht, ist niemand zur Stelle«, beklagte sich nun der ältere Herr im Nadelstreifenanzug.

»Ich muss schon bitten. Hier bin ich ja schon, und ein Arzt wird auch gleich eintreffen. Bitte verhalten Sie sich ruhig«, sagte eine wie aus dem Nichts auftauchende Aufsichtsperson.

Birnbaum kam es vor, als ob er in einem Kino sitze. Und alle Zuschauer spielten mit in diesem Film. Selbst er war Teil der Handlung. Er war, wohl noch unter Einfluss des gestrigen Ereignisses, vom Anblick des schwer verwundeten Mannes wie paralysiert. Bewegungsunfähig, als habe ihm eine Spinne ihr Gift injiziert, sass Joseph Birnbaum da.

Als endlich ein Arzt eintraf und sagte: »Eine schlimme Verletzung. Der Mann hat viel Blut verloren«, war das für Birnbaum wie das Schnippen eines Hypnotiseurs, der seinen Kunden wieder aufwachen lässt. Er spürte eine angenehme Kühle in seinem Innern, sein Herz schlug gleichmässig seinen Takt, als wäre nichts vorgefallen. Wie ein Trommler auf einem Sklavenboot trieb es Birnbaum ruhig, aber bestimmt an, die Ruder zu schlagen. Er erhob sich, verliess den Raum und das Museum. Hätte ihn die Polizei einen Tag nach dem Gletschermannmord nun auch noch hier angetroffen, dann hätten sie ihn womöglich gleich in Untersuchungshaft genommen.

Kaum flutete die kalte Luft seine Lungen und sein Hirn, begann Birnbaum, so gut dies in seinem Alter ging, loszurennen. Bald kam er ins Grüne, in den Stadtpark, wo viele Japaner vor einer von oben bis unten vergoldeten Statue von Johann Strauss dem Jüngeren standen, um sich gegenseitig abzulichten.

Vielleicht ist der Mann ja nur leicht verletzt, eine kleine Schramme, versuchte sich Birnbaum zu beruhigen, doch es half nichts. In seinem Innern tauchte immer wieder dieses Bild auf. Die weissen Splitter, das rinnende Blut. Genau wie gestern. Das Blut floss, kroch gleichsam dahin wie eine rote Schlange. Und überall konnte es plötzlich aus den Menschen hervorbrechen. Da brauchte es nur einen leichten Kratzer, eine kleine Wunde, und schon begannen sich die Stauseen, die alle Menschen doch waren, zu entleeren. Das Blut suchte dabei wie das Wasser einen energiearmen Zustand, es sprudelte aus den Adern und Venen, um sich möglichst grossflächig auf dem Boden zu verteilen.

Eine Gruppe von Obdachlosen beobachtete ihn argwöhnisch. Wussten sie auch schon, was vorgefallen war? Waren sie getarnte Ermittler? Joseph Birnbaum ging schnellen Schrittes weiter. Dort, wo der Park wieder in die Ringstrasse überging, querte er die Strasse und betrat ein Kaffeehaus, dessen Name er noch nie gehört hatte: »Prückel«. Er kannte sich mit den Kaffeehäusern nicht aus. Er wusste auch nicht, was es mit diesen Literatencafés vor hundert Jahren auf sich gehabt hatte. Bei seinen früheren, jedoch immer nur eintägigen Aufenthalten in Wien hatte er mit Ausnahme des Flakturms im Esterházy-Park und dem Tiergarten in Schönbrunn nicht viel mehr gesehen als das Naturhistorische Museum. Dieses Mal kam er durch den Gang der Ereignisse jedoch in neues Territorium. Und irgendwie reizte ihn das. Birnbaum hatte die Witterung von etwas aufgenommen, das, dessen war er sich bewusst, sowohl etwas Äusseres als auch etwas Inneres war.

Im »Prückel« gab es Tische aus den Fünfzigerjahren, die mit einer schwarzweissen Kunststoffplatte belegt waren, darum herum hochbeinige Stühle. Von der Decke hing ein sehr flacher Kristallleuchter, eher ein leuchtendes Rad. Er bestellte sich einen Braunen. Irgendwie kam er sich vor wie ein Walzer tanzender Idiot, der zwischen zwei Tänzen eine Pause eingelegt hat. Mit wem er diesen Walzer tanzte, das war Birnbaum allerdings nicht klar.

An den meisten Tischen sassen zwei in ein Gespräch vertiefte Personen. Oft sass aber auch nur eine Frau oder ein Mann, zeitunglesend, Notizen machend, mit dem Handy telefonierend allein an einem Tisch. Als ein Sonnenstrahl das hohe Kaffeehaus erhellte, kam ihm das vor wie ein göttlicher Wink. Es genügte ein »Herr Ober, zahlen bitte«, und schon konnte Birnbaum tatsächlich bezahlen, ohne lange warten zu müssen.

Er verliess das Lokal und bestieg die Strassenbahn Nr. 1, die er beim Naturhistorischen Museum wieder verliess. Ohne gross auf das Kunsthistorische Museum zu achten, vor dem zwei Polizeifahrzeuge standen, durchschritt er den Maria-Theresia-Platz, beinahe etwas beschwingt, obwohl er dazu eigentlich keinen Grund hatte. Die Wolken am Himmel hatten sich wieder verzogen, nur eine einzelne schien noch Wache zu halten. Er winkte Maria Theresia zu, aber so, dass man es kaum sah, ein Handzeichen, eine Andeutung wie dieses »Herr Ober, zahlen bitte«. Immer mehr spürte er in dieser Stadt den Sog zurück in die Vergangenheit, zurück in eine längst vergangene Zeit, und mit jedem vorbeifahrenden Fiaker intensivierte sich bei ihm dieses Gefühl.

Wie viel heller war es doch im Naturhistorischen Museum als im gegenüberliegenden Gebäude. Und lag hier nicht der Duft von Juditta von Krems in der Luft? Neben dem Gletschermann im Eingangsbereich stehend schaute er hoch und sah die Unterseite eines Schiffes. Es war, das wusste er von früheren Besuchen, ein Modell des Dreimastschoners Xafira des Meerespioniers Dr. Hans Hass.

»350 Tonnen und 550 Quadratmeter Segelfläche, Platz für 20 Mann und einen Hilfsmotor mit 230 PS«, flüsterte ihm ein hochgewachsener Mann mit kurzgeschnittenem Haar, der ganz in Schwarz gekleidet war, ins Ohr.

Birnbaum drehte sich um.

»Passen Sie auf, es kann einem nicht nur vom in die Tiefe schauen, sondern auch vom Sternegucken schwindlig werden. Speziell in dieser Stadt.«

»Ja, da haben Sie nicht ganz unrecht.«

»Entschuldigen Sie, wenn ich mich nicht vorgestellt habe. Ich bin Anthropologe und Zoologe, mein Name ist Alexander Mendoz.«

»Und mein Name ist Joseph Birnbaum, aus dem Burgenland.«

»Gibt's denn sowas? Der Herr Birnbaum von Neusiedlersee?«

»Ja«, stotterte er, »Sie kennen mich?«

»Sie publizieren doch immer wieder über Vögel, vor allem über die Zugbahnen der Störche.«

»Die Störche, die nur zu oft in den Überlandstromleitungen, in Zisternen oder in den Bratpfannen unserer südlichen Nachbarn landen. Die Störche, da haben Sie recht, sind eines meiner Spezialgebiete.«

»Über Schädel haben Sie schon lange nichts mehr publiziert. Dabei waren Ihre früheren Artikel dazu herausragend.«

»Ja, die Schädel. Irgendwie wurden die Vögel für mich wichtiger. Aber glauben Sie nicht, dass ich mich dafür nicht mehr interessieren würde.«

»Wunderbar, dann hab ich was für Sie.«

Einige Minuten mochten verstrichen sein, da stand er wieder da mit einem Schädel in der Hand.

»Ein sehr interessantes Exemplar. Er wurde mir unlängst von einer alten Dame übergeben, die behauptete, es sei der Schädel eines berühmten Komponisten. Sie kennen doch diese grausliche Geschichte?«

»Natürlich.«

»Aber dieser Schädel muss meiner Meinung nach aus einem Bergtal kommen. Ganz schwach sind hier noch Schriftreste zu entdecken.«

»Die aber sehr verblichen sind.«

»Oder die jemand entfernen wollte. Wieso, weiss ich allerdings auch nicht. Vielleicht finden Sie heraus, woher genau der stammt.«

»So auf die Schnelle geht das aber nicht.«

»Das versteht sich, Herr Kollega. Darum nehmen Sie ihn mit, untersuchen ihn in aller Ruhe und bringen ihn mir wieder zurück, wenn Sie die Lösung gefunden haben.«

»Aber das kommt mir im Moment nicht so gelegen. Es geschehen hier eigenartige Dinge, und es fällt mir schwer, mich zu konzentrieren.«

»Nicht hier in Wien. Sie nehmen ihn mit an den Neusiedlersee.«

»Aber...«

»Ach was, keine Widerrede, nehmen Sie ihn. Und wenn Sie zufälligerweise noch ein paar Tage länger in der Stadt sind, dann schauen Sie doch einmal bei mir rein, ich habe mein Büro ganz oben unterm Dach, wo diese 34 drei Meter hohen Statuen von Forschern stehen. Mein Büro ist im Eckbereich, sagen wir von Laurent Jussieu über Alexander Freiherr von Humboldt bis zu Georges Cuvier.«

»Tolle Gesellschaft.«

»Ja, und da habe ich erst noch freien Blick auf die Hofburg, in der die Mineraliensammlung vor dem Umzug in dieses neue Gebäude untergebracht war. Wenn Sie mich entschuldigen, man verlangt nach mir.«

»Aber ich kann doch nicht mit einem Schädel unter dem Arm durch die Stadt spazieren.«

»Natürlich nicht. Hier ist die gefütterte Box. Nussbaumholz. Habe ich für solche Fälle herstellen lassen. Und hier eine Tragtasche von einer Konditorei. Sieht doch ganz unverfänglich aus – wie ein bisschen Konfekt von der k. u. k. Hofzuckerbäckerei Demel am Kohlmarkt, nicht wahr?«

»Vom Kohlmarkt, ja gewiss, schon besser. Ich bring ihn bald zurück«, stotterte Birnbaum etwas verlegen, als wäre er mit einer schweren Zunge geschlagen.

3. Tag

Hell schimmert das Licht. Tausend Flocken fallen. Dies der eigentliche Eindruck von Innsbruck. Anders an jenem Tag. Joseph und seine Frau Marianne kämpften sich den Inn entlang in westlicher Richtung durch den kalten Regen, um endlich einen dieser bemalten Schädel zu sehen. Marianne wusste, wie wichtig ihm das war, hatte er doch zu diesem Thema eine grössere Arbeit zu schreiben. Sie gingen wieder stadteinwärts, der Stadtplan war schon ganz nass. Rechter Hand tobte der Inn, der Regen klatschte in ihre Gesichter. Sie waren schon beinahe an allen Instituten vorbei, bis sie endlich das Portal mit dem Schild »Anat. u. hist.-embryol. Institut der Universität Innsbruck, Tyrol, Austria, Müllerstr. 59« vor sich erblickten. Der Regen jetzt wie Nadeln.

Bereits in der Vorhalle, die er ihr gegenüber als Patio bezeichnete, stach ihnen der starke Chloroformgeruch mit einem beissenden Akzent von einem scharfen Reinigungsmittel in die Nase. Auf dem Wandgemälde im Kinoformat sahen sie Ärzte, die eine Leiche sezierten. Unwillkürlich erinnerten sie sich dabei an das berühmte Bild von Rembrandt, das Dr. Tulp zeigt, wie er einem gehängten Strassenräuber, der auf einem länglichen Tisch liegt, den Arm öffnet. Höchst interessiert wird er dabei von feierlich gekleideten Mitgliedern der Amsterdamer Gilde der Barbiere und Chirurgen, allesamt Bartträger, beobachtet.

Neben den Toilettentüren stand ein Rollwagen voller Desinfektionsmittel. Offensichtlich war im ersten Geschoss ein Ärztekongress im Gange. Das entnahmen sie einer Informationstafel.

Im zweiten Geschoss standen den Wänden des Korridors entlang verglaste, zum grössten Teil mit Plastikfolien abgedeckte Hochvitrinen, in denen präparierte Tiere und Teile von Menschen zu sehen waren.

»Schau, hier«, sagte Marianne und hakte sich bei Joseph unter. In einer Vitrine sahen sie die ersten bemalten Schädel aus der Region Hallstatt. Rosen, Efeu, Eichenlaub, oft ein Kreuz und die Initialen oder der volle Namenszug in Schwarz. Alles war mit Naturfarben gemalt. Ein Schädel war hellgrün, fast türkis, als wär's das Stirnband eines Skifahrers. Später würde ihnen Professor Mager, der Leiter des Instituts, erklären, dass hier jemand zu eifrig gewaschen habe. Deswegen seien die Schädel jetzt auch mit einer Art Lack überzogen, der die Reinigung erleichtere. Vom Wind gepeitscht, prasselte der Regen stossweise gegen die Scheiben.

Beinahe so schmal wie ein Felsspalt war der Eingang ins eigentliche Anatomische Museum. Hinten in der Mitte standen die Skelette von drei Menschen, das mittlere war das Skelett von Nikolaus Haidl, der zwischen 1491 und 1494 verstarb. Wahrscheinlich, so las ihm Marianne von einem aufliegenden Erläuterungsblatt vor, handle es sich hier um das älteste historisch belegte Skelett eines Riesen, das derzeit bekannt sei. Der 2.22 Meter hohe Burgriese sei der Bodyguard Sigmund des Münzreichen gewesen.

Links lagen die Muskel- und Gewebepräparate. Rechts waren in einer Art Halbrund in mehreren Hochvitrinen wohl über einhundert Schädel, die teilweise schön bemalt waren, aufgebaut.

Schon wie sie hereingekommen waren, immer noch von dem intensiven Chloroformgeruch umfangen, hatten sie diesen älteren Mann mit seinen eindrücklichen Gesichtszügen bemerkt, der, intensiv in die Schädel vertieft, diese abzeichnete. Sein Bleistift kratzte ganz leise auf dem Papier, so wie wenn Zwerge Schnee schippen.

Als dann Professor Mager den Raum mit einem Stativ unter dem Arm betrat, fragte er den Zeichner, ob die zwei Hereingekommenen Bekannte von ihm seien, was dieser verneinte. Marianne hielt den Mann für den Museumsfotografen. Als dieser sich jedoch als Leiter des Instituts zu erkennen gab, mussten sie alle lächeln. Bereitwillig gab er ihnen, obwohl im Begriff, das Haus zu verlassen, Auskunft über die Schädel. Das Bemalen der Schädel sei im ganzen Alpenraum, auch im Nachbarland, der Schweiz, wo es einige schöne Exemplare gebe, verbreitet gewesen. Silbrig bemalte Schädel gebe es in Galtür, wo im Winter des Jahres 1999 diese verheerende Lawine runtergekommen sei, die 31 Menschen den Tod gebracht habe. Selbst in den Gebirgsregionen Rumäniens habe er bemalte Schädel untersuchen können.

Zum Unterschied der männlichen und weiblichen Schädel fügte er an: »Einen Fortsatz hinten und einer seitlich unter der Ohrenregion gibt es nur bei den Männern. Die Augenhöhlen sind bei den Männern eher viereckig, während sie bei den Frauen eher rund sind.«

Nach den teils rötlichen, teils braunen Nähten befragt, sagte er, diese verschwänden im hohen Alter, es entstehe der sogenannte Greisenschädel. Der Schädel sei der einzige Knochen, der sich zeitlebens verändere. Zudem, und das hatte ihnen der zeichnende Herr schon gesagt, würden die Schädel von Kindern und von alten Leuten lächeln. Und tatsächlich sahen sie das jetzt auch.

»Siehst du«, und dabei kniff ihn Marianne koboldhaft in den Oberarm, »sie grinsen uns an.«

»Du hast recht. Aber sie leben ja auch nicht mehr. Sie haben gut lachen.«

Leider musste der Professor das Museum schliessen, und die drei diskutierten die Treppe hinuntergehend und schliesslich vor dem Gebäude noch weiter.

»Sie bleiben doch sicher ein paar Tage in der Gegend. Wenn Sie Fragen haben oder weiterführende Literatur benötigen, ich helfe Ihnen gerne.«

»Danke für das Angebot. Doch eigentlich wollen wir morgen noch etwas hinauf zum Skifahren. Bei diesem vielen Neuschnee muss es da oben ja herrlich sein.«

»Skifahren, sehr schön. Und vergessen Sie nicht, bei mir sind Sie jederzeit willkommen. Der Tod ist ja zum Glück nicht vergänglich, jedenfalls haben sich diese wunderbaren Schädel doch recht gut erhalten.«

Sie verabschiedeten sich herzlich, gerade so, als wären sie alte Bekannte.

Im Fluss schoss das trübe Wasser dahin. Die Menschen schützten sich mit Schirmen, oder sie hatten die Kapuzen hochgezogen. Birnbaum sah einen toten, vom Regen durchnässten Sperling am Rande des Gehsteigs liegen, was ihn seltsam berührte. Hinter dem Vogel breitete sich eine dunkle Wiese aus, als wäre es ein Friedhof.

Bei der Glockengiesserei Grassmayr standen sie unter, und da noch kein Ende des Regens in Sicht war, schauten sie sich im Glockenmuseum um. Hier erfuhren sie, dass sowohl die Herstellung von Glocken wie auch die von Kanonen ein kunstvolles Handwerk sei und dass während den Kriegen Glocken zu Kanonen gegossen wurden, in Friedenszeiten Kanonen zu Glocken. So war dieses Metall immer wieder flüssig geworden, hatte die Menschen immer wieder ausgelöscht, um sie dann wieder aufzubauen.

Als sie wieder ins Freie traten, war der Regen in Schnee übergegangen. Sie schauten sich an: Das war der Anfang ihres verlängerten Wochenendes. Ihr Töchterchen Samantha war zu Hause geblieben. Grossmutter passte auf sie auf. Ach, wie liebte Joseph seine Frau. Nie würden sie sich trennen. Dessen war er sich sicher. Hell schimmerte das Licht. Tausend Flocken fielen.

Auf seiner Zunge spürte Joseph Birnbaum den bitteren Geschmack von Magensaft. Nach der Trennung von seiner Frau hatte er vier Wochen durchgesoffen, was sonst nicht seine Art war. Dann hatte er sich scheinbar wieder gefangen, doch in Wirklichkeit hatte sich der Schmerz über die Trennung weiter in sein Inneres gefressen, wo er Bitterkeit und Trauer wachsen liess.

»Herr Birnbaum?«

»Juditta von Krems. Schön, Sie wieder zu sehen. Bringen Sie mir doch bitte ein Glas Wasser. Mein Kopf schmerzt, und mir ist etwas schwindlig.«

»Kommt sofort.«

Der frische Duft, der vom Körper dieser Frau ausging, erinnerte ihn an seine Tochter Samantha, die nach der Scheidung bei seiner Frau geblieben war. Immerhin konnte er sie jedes Wochenende sehen, und in den letzten Jahren auch häufiger. Er hing sehr an ihr. Sie war jetzt bereits eine junge Dame, hatte im Juni die Matura glänzend bestanden, war den Sommer über nach Griechenland gefahren, wo sie Pflanzen zeichnete, aber auch frei malte. Sie war hin- und hergerissen zwischen Kunst und Wissenschaft. Auf Kreta hatte sie ihren Freund kennengelernt. Er hiess Julian. Und er kam nicht irgendwoher, nein, er wohnte in Wien, wo Samantha vor ein paar Wochen ihr Biologie-Studium begonnen hatte. So konnten sie sich häufig sehen.

»Das wird Sie auf andere Gedanken bringen. Überhaupt sollten Sie sich nach dem Vorfall von vorgestern etwas ablenken.«

»Das ist nicht so einfach. Wie Sie sicher wissen, geschah gestern im Kunsthistorischen Museum schon wieder so etwas Schreckliches.«

»Was? Davon weiss ich nichts.«

»Aber...«

Birnbaum griff sich hastig die auf dem Nebentisch liegende Tageszeitung, durchblätterte sie, suchte unter »Wien« und der Rubrik »Chronik«, wo normalerweise die Artikel über Unfälle, Verbrechen und Todesfälle platziert waren, doch er konnte nichts finden.

»Aber ich hab es mit meinen eigenen Augen gesehen.«

»Was denn?«

»Der Mann unter der Bauernhochzeit mit der Scherbe des Suppentellers im Hinterkopf, das Blut, all das Blut...«

»Beruhigen Sie sich. Da war nichts. Das wüsste ich doch. Schliesslich arbeitet mein Bruder dort als Kellner. Der hätte es mir sicher gesagt. Und Sie haben recht. Es stünde auch in der Zeitung.«

Birnbaum rang um Worte.

»Dann habe ich mir das nur eingebildet?«

»Schon möglich. Sie haben einiges durchgemacht. In Ihrer jetzigen Verfassung würde ich einen Arzt aufsuchen. Soll ich einen rufen?«

»Nein, nein, nicht nötig. Ich habe nur ein bisschen Kopfschmerzen. Der Sturz mit dem Verstorbenen. Ich bin mit dem Kopf auf das Parkett aufgeschlagen. Das wird schon wieder.«

»Sind Sie sicher?«

»Ja«, und dabei schaute er sie nun wieder etwas gefasster an, »ja, alles wird gut.«

»Waren Sie schon einmal in der Staatsoper? Nein? Das sollten Sie aber unbedingt tun. Glauben Sie, die

Wiener hielten es in dieser Stadt aus ohne diese wunderbare Musik? Und Sie werden es nicht glauben: Zufälligerweise habe ich ein Ticket für heute Abend. ›Die Zauberflöte‹ von Mozart steht auf dem Programm. Ich habe die Karte von einer Freundin bekommen, die aus privaten Gründen nicht hingehen kann. Nehmen Sie sie bitte, das wird Ihre Seele aufheitern. Diese herrliche Musik!«

»Aber wieso gehen Sie nicht selbst hin?«

»Wir haben hier im Museum eine Abendveranstaltung mit einem grossen Buffet. Da gibt es viel zu tun.«

»Ach ja. Danke, vielen Dank.«

Er ertappte sich dabei, wie er vor dieser Frau einen Bückling machte, was ihn ziemlich erstaunte.

»Und sollte Sie diese Oper auf den Geschmack bringen, gehen Sie doch am Samstag auf den Naschmarkt, da finden Sie sogar Muscheln und ausgestopfte Tiere, Tiefdrucke, Kupferdrucke, alte Schallplatten mit Vogelstimmen und andere Dinge, die einen Biologen interessieren. Ich geh da oft hin. Und dann gibt es noch die Donau, den Kahlenberg, Schönbrunn. Ja, Schönbrunn muss man einfach gesehen haben.«

»Sie sind ja eine tolle Reiseleiterin. Aber für mich bitte eins nach dem andern, sonst wird mir schwindlig.«

»Aber gewiss doch. Übrigens, früher hab ich wirklich mal Stadtführungen gemacht.«

Dabei schienen ihre Augen zu fragen: Magst du mich? Er vertraute diesem leisen Zeichen noch nicht ganz, zu tief war er damals gedemütigt worden, als dass er von einem Tag auf den anderen so viel hätte wagen wollen. Zwar hatte er, wenn auch nicht allzu häufig, eine kurze Affäre mit einer Frau gehabt, doch bei Juditta war das anders, das musste er behutsam angehen.

»Eigentlich haben Sie recht«, sagte er. »Im Moment

kann ich mich hier im Museum wegen dieser Geschichte nicht allzu lange konzentrieren. Und wenn ich schon einmal in Wien bin, dann ist es doch nur recht, wenn ich mich etwas in dieser Stadt umsehe. Und wer weiss, in ein paar Tagen, ja, vielleicht schon morgen, kann ich dann doch wieder meinen Studien nachgehen. Was ich Sie fragen wollte, wenn Sie erlauben, Ihr Name, dieses von Krems. Kommen Sie wirklich aus Krems?«

»Eine gute Frage. Das kann ich Ihnen nicht so direkt sagen. Gewisse Geheimnisse machen das Leben doch reizvoll, nicht wahr?«

»Schon. Dann kommen Sie vielleicht aus der wunderbaren Gegend dort?«

Juditta zuckte mit den Schultern.

»Vielleicht aus Spitz, Dürnstein, Willendorf oder sogar aus dem geschichtsträchtigen Melk?«

»Gar nicht schlecht. Aus der Wachau komme ich, so viel darf ich Ihnen verraten.«

»Da hätte ich noch eine Frage.«

»Ja?«

»Sie haben gesagt, dass der Ober, der im Kunsthistorischen Museum serviert, ihr Bruder ist. Wie kommt es, dass…«

»Entschuldigung, Kundschaft. Wir sehen uns bestimmt ein andermal.«

Birnbaum wollte nach draussen gehen, doch dann liess er sich von den esoterischen Harfenklängen in den Saal 7 locken.

»Jetzt lässt du mich auch mal.«

»Nein, jetzt bin ich an der Reihe.«

Zwei Kinder schraubten wie von Sinnen an einem Rad, das die Jahrmillionen auf der Erde mitsamt den entsprechenden Landmassenverschiebungen auf einem grossen Monitor nur so dahinrasen liess. Hatte der Blondschopf die Oberhand, ging das Rad rückwärts, und die Kontinente rutschten zusammen, bildeten diese Pangäa, und noch weiter zurück verschoben sich die Festgebiete an die Pole. Hatte das dunkelhaarige Kind mit den roten Wangen die Oberhand, ging es ab in die ferne Zukunft, wo sich die Landmassen ebenfalls an die Pole verschoben. Birnbaum dachte an Samantha, seinen Liebling. Wie oft war er mit ihr runter zum See gegangen, während andere Kinder lieber Bücher lasen, musizierten oder fernsehschauten. Sie aber liess sich von ihm alle Vögel zeigen, hatte immer ihren Zeichenblock dabei, schaute sich alles genau an und machte sich Notizen. Doch dann kam dieser verhängnisvolle Vereinsabend, nach dem sich alles schlagartig änderte. Zuerst hatte er das neue Mitglied im Ornithologischen Verein noch nicht erkannt, doch plötzlich stieg ihm dieser betörende, süsse, schwere Duft in die Nase. Dieses Parfum kannte er doch. Patrizia, dachte er voller Schrecken. Das konnte kein Zufall sein. Sie hatte es auf ihn abgesehen. Schon vor der Ehe mit Marianne hatte er eine Beziehung mit ihr gehabt, seiner Frau aber schwören müssen, dass damit endgültig Schluss sei, dass er sie nie wieder treffen werde. Das war denn auch so gewesen bis an jenem Abend.

Dass er zuhören konnte, dass er einfühlsam war und dass er sich nicht als das Zentrum der Welt inszenieren musste, das schätzten die Frauen vor allem an ihm. Und so hatte auch die Beziehung mit seiner Frau Marianne begonnen. Bei Patrizia war das anders gewesen. Da bestand schon zu Beginn vor allem eine körperliche Anziehung, die das Denken in den Hintergrund drängte. Und auch jetzt spürte Birnbaum diesen Sog. Er wehrte sich dagegen, denn er wollte seiner Frau treu bleiben und das Familienglück nicht gefährden. Er war ein korrekter Mensch, er war treu, er liebte seine Frau, und so sollte es auch bleiben. Doch da war etwas Dunkles, das ihn zu dieser Frau hinzog. Gegen elf Uhr verliessen die Vereinsmitglieder das Gebäude, das etwas ausserhalb lag. Patrizia anerbot sich, ihm noch beim Wegräumen der Weingläser zu helfen. Birnbaum stellte mit Erleichterung fest, dass sie ganz ruhig und sachlich war, ihn sogar nach den Brutplätzen der Störche befragte. Der Abend schien gerettet. Allein beim Verlassen des Lokals geschah es: Er hatte bereits das Licht gelöscht, als sie sich im Türrahmen stehend leicht berührten. Da sprang der Funke über. Die Spannung entlud sich in einem heftigen Kuss.

»Nein«, sagte er und stiess sie von sich weg, »das darf nicht sein.«

»Wegen deiner Frau?«

»Ja, und wegen Samantha.«

»Ich verstehe. Aber trotzdem kannst du noch zu mir kommen. Ich möchte erfahren, wie es dir so geht, und es ist besser, wenn wir uns jetzt aussprechen. Schliesslich sehen wir uns nun in diesem Verein wieder öfter.«

»Ja, du hast recht. Da ist nichts dagegen einzuwenden. Wir klären die Situation.«

Bei ihr angekommen, entkorkte sie eine Flasche Rotwein, und sie sprachen von den alten Zeiten. Er wusste selber nicht, wie es zum Beischlaf hatte kommen können. Als er realisierte, was geschehen war, sammelte er seine Kleider vom Boden auf und zog sich an.

»Das kann so nicht weitergehen. Mach dir keine Hoffnungen.«

Sie streifte sich den Bademantel über und schaute ihn an.

»Das war ein einziges Mal, und dabei bleibt es«, betonte er.

Doch schon tags darauf rief sie ihn in seinem Büro an, und auch die Tage danach, bis sie sich schliesslich wieder trafen. Er wollte ihr direkt ins Gesicht sagen, dass alles vorbei wäre. Doch er konnte nicht hart bleiben, sie küssten sich, und sie schliefen wieder miteinander. So entwickelte sich diese Liebschaft von Neuem. Eines Tages war Patrizia schwanger und wollte, dass er sich von seiner Frau trennte.

»Ich liebe Marianne und mein Töchterchen, das kann ich ihnen nicht antun«, sagte er.

»Dann erzähl ich es ihr.«

»Nein, bitte nicht. Treib das Kind ab, so wird niemand davon erfahren.«

»Nur, wenn du dich weiterhin mit mir triffst.«

Birnbaum willigte widerwillig ein.

Patrizia hielt ihr Versprechen. Sie trieb das Kind ab, und sie schwieg. Joseph Birnbaum brauchte sich nur ab und zu mit Patrizia zu treffen, das war alles. Er glaubte nun, alles sei wieder in Ordnung.

Wie der Zufall so spielt, wollte Marianne ein paar Monate später in dem Haus, in dem Patrizia wohnte, eine Frau aufsuchen, die eine alte Geige zu verkaufen hatte. Sie wollte nämlich wieder mit dem Geigenspielen anfangen, hatte jedoch keine eigene. Als sie vor dem mehrstöckigen Haus stand, hörte sie Geräusche, blieb stehen und horchte. War das nicht die Stimme ihres Mannes? Nein, wieso sollte er hier sein, dachte sie. Er war in der Schule oder mit den Schülern unten am See. Doch dann hörte sie sie wieder. Instinktiv ging sie um das Haus herum. Die Dornen eines Rosenstrauchs ritzten die Haut ihrer Beine, doch sie spürte es kaum. Sie blieb vor dem Fenster stehen, aus dem sie die Stimme ihres Mannes gehört hatte. Die Vorhänge gaben einen Spalt frei, sie spähte hinein, und das Herz schien ihr stillzustehen. Sie sah Joseph und Patrizia nackt auf einem breiten Bett in inniger Umarmung. Sie war fassungslos, drehte sich um und ging weg.

Als Birnbaum nichtsahnend nach Hause kam, hatte sie bereits gepackt und war eben dabei, zusammen mit ihrem Töchterchen das Haus zu verlassen. Da nützte all sein Flehen nichts.

»Du hast mir geschworen, die Hände von dieser Frau zu lassen. Und jetzt das.«

Schnell öffnete Birnbaum die Augen, um dieses Bild zu verscheuchen. Er stand auf und versuchte, sich auf die Versteinerungen in den Vitrinen zu konzentrieren. Trilobiten, Seeskorpione, Quastenflosser, Kieselschwämme, verschiedene Farne, selbst frühe Nadelbaumversteinerungen fand er da, doch sie bedeuteten ihm nichts, seine Gedanken waren nicht bei der Sache.

Als die zwei Knaben weg waren, wollte auch er einmal Gott und Schöpfer spielen und fand seinen Gefallen daran. Er stellte sich vor, er throne hoch über der Welt und verschiebe die Landmassen wie in einem Sandkasten. Es fehlten nur noch die Menschen, die er wie einst Zeus zueinanderführen oder auseinanderbringen konnte. Er stellte sich vor, wie er den einen hold war. Diese heirateten, hatten Kinder und waren glücklich. Doch mit einem Schnippen der Finger brachte er Tod und Verderben. Laut war das Wehklagen. Was er erlitten hatte, sollten auch andere zu kosten bekommen. Zum Ausgleich schenkte er armen Menschen Glück und Reichtum. Dankbar schauten diese zu ihm hoch und brachten ihm Opfer. Wie leicht das doch ging, wenn man hier oben sass, dachte er.

4. Tag

Die Garage war ein alter Schuppen aus Holz, worin Joseph als Kind oft spielte. Es roch nach Öl und vermoderndem Holz. Die Bretter der Wände waren am unteren Ende teilweise so schadhaft, dass er diesen Raum ab und zu mit Hühnern, Salamandern und der Katze teilen musste. Eines Tages, draussen duftete es nach Sommer, fand er unter dem zerschlissenen Teppich, über den er stolperte, eine Luke. Er öffnete sie und stieg in der Erwartung, hier einen Schatz zu finden, hinunter. Im Schein der Taschenlampe entdeckte er ein paar alte Benzinkanister, eine kleine Kiste mit Schrauben, einen aufgerollten Schlauch, ein schwarz angelaufenes Holzgestell, einen Korb voller Jutesäcke, eine Leiter aus Metall, einen Topf mit eingetrockneter Farbe und eine Säge mit verrostetem Blatt. Die Katze war auch mit runtergekommen und strich ihm um die Beine. Schon wollte er wieder hoch, da entdeckte er in einer Ecke kleine Glasplatten in einer Holzkiste. Er nahm eine heraus, hielt sie gegen das Licht der Taschenlampe und sah darauf abgebildet den Stephansdom. Auf den weiteren entdeckte er noch andere Kathedralen und Kirchen, die er jedoch nicht kannte. Allein das Kloster von Melk war ihm von einem Schulausflug her bekannt. Plötzlich hörte er von sehr weit weg seine Mutter rufen. Normalerweise hätte er sich dadurch in seinen Abenteuern nicht stören lassen, doch es war Ferienanfang, und er musste sicher bald losfahren. Er legte einen Jutesack über die Glasfotografien. Vor sich sah er die Katze die Treppe hinaufhüpfen. Er ging ihr nach. Da hörte er aus der Ferne einen lauten Knall, trat ins Freie und sah eine gewaltige Staubwolke aufsteigen. Er erinnerte sich, sie hatten, wie in der Lokalzeitung angekündigt, eine Brandruine gesprengt. Seine Mutter stand bereits vor dem Haus und wartete. Die Luke, schoss es ihm durch den Kopf. Er rannte nochmals zurück, klappte sie zu, rollte den Teppich darüber und verliess die Garage. Er solle diese zwei Kisten Wein ausliefern, befahl ihm seine Mutter, der Bäcker warte darauf. Dabei drückte sie ihm die Deichsel des Leiterwagens in die Hand. Da kam auch schon die Nachbarin, mit der sie sich vor dem Haus stehend unterhielt. Also musste Joseph wohl oder übel den Wein sofort ausliefern. Gerne wäre er nochmals in den Keller gestiegen, doch als er die Kisten ausgeliefert hatte, wartete Mutter bereits mit dem Gepäck. Joseph verstaute den Koffer und die Reisetasche im Auto, mit dem ihn seine Mutter zum Bahnhof brachte. Sie hatte das Autofahren in nur vier Stunden gelernt, was ihren Fahrlehrer ziemlich erstaunt hatte. Daran musste Joseph jedes Mal denken, wenn sie am Steuer sass. Im Zug winkte er ihr zum Abschied.

Als er nach drei Wochen aus dem Tirol zurückkam, wo er bei seinen Grosseltern in den Ferien gewesen war, wunderte er sich, dass ihm der Kater nicht zur Begrüssung um die Beine strich. Der hatte nämlich einen siebten Sinn und wusste genau, wenn Joseph in der Nähe war. Die Katze sei verschwunden, sagten die Eltern. Sie hätten sie überall gesucht, aber offensichtlich sei der Kater wieder einmal den Kätzinnen nachgestiegen. Joseph warf das Gepäck in eine Ecke. Er war froh, wieder zu Hause zu sein. Nun musste er dringendst seinen Schatz, nämlich die Fotoglasplatten, genauer untersuchen. Vielleicht fand sich da ja auch noch ein alter Fotoapparat. In der Garage rollte er den Teppich beiseite, doch als er die Luke öffnete, schlug ihm ein grässlicher Gestank entgegen. Das Blut stockte ihm in den Adern. Im Kegel des Taschenlampenlichts sah er den sich bereits zersetzenden Körper des Katers. Es herrschte Totenstille. Er spürte eine Übelkeit und dann ein Frösteln in sich aufsteigen. Er versuchte, sich über einem Eimer zu erbrechen, doch es kam nichts. Er schloss die Luke und sass auf dem blanken Fussboden, die Arme um die Knie gelegt, als könnte er so die Katze wieder zum Leben erwecken. Das durch die Ritzen einfallende Sonnenlicht malte noch immer ein Streifenmuster auf den Boden, als ob nichts geschehen sei. Lange sass er so da, ohne sich zu rühren. Plötzlich stand er auf, holte ein altes, ölverschmiertes Laken aus dem Eisengestell, öffnete nochmals die Luke, stieg hinunter, wickelte den Kater ein, verschnürte das Paket, schlich hinaus und verbarg es im nahen Wald unter Holzscheiten, so dass kein Tier rankam. Nachts, als alle schliefen, stahl er sich aus dem Haus, holte das Paket hervor, grub ein Loch in den weichen Waldboden und legte den eingewickelten Kater hinein. Dabei kam er sich vor wie ein wirklicher Totengräber. Doch was war das? Eine Eule sass auf einem Ast und beobachtete ihn unentwegt. Er stampfte die Erde fest, legte wegen der Wildtiere einen schweren Stein darauf und steckte am oberen Ende des Grabes ein selbstgefertigtes Kreuz ins Erdreich. Und jedesmal, wenn beim Essen jemand fragte, wo der Kater wohl rumstreife und wann er wohl zurückkomme, fühlte er seine Schuld und wunderte sich, dass ihm niemand ansah, dass er der Katzenmörder war.

Birnbaum rieb sich mit der flachen Hand das Gesicht, als könnte er so die immer intensiver werdenden Erinnerungen abschütteln, die ihn hier in Wien Tag für Tag mehr bedrängten. Er schaute sich im Café um, doch niemand schien an diesem Samstagmorgen auch nur zu ahnen, was ihm in den letzten Tagen widerfahren war. Sah man es ihm nicht an, oder waren die Leute gar nicht interessiert am Schicksal der anderen? Dachte jeder nur an sich, an sein Wohlergehen, seine Lust, seine Sorgen? Waren alle hier drin Egoisten? Er nahm einen Schluck Kaffee und versuchte sich wieder auf die Zeitungslektüre zu konzentrieren. Die ganze Hektik und Hatz sei übertrieben, und gar von einem Ötzi-Mörder zu reden, sei absurd, aufgebauscht. Das sei doch typisch für Wien, man wolle immer eine grosse Inszenierung, den grandiosen, theatralischen Auftritt. Dieser sei in diesem Fall, auch wenn der Tote sicherlich zu beklagen sei, fehl am Platz. Die Polizei sei der Aufklärung nahe.

Plötzlich spürte Birnbaum, dass seine Nase lief. Er hatte sich wohl etwas erkältet. Wie unangenehm vor all den Menschen hier, dachte er, griff in die Manteltasche, um ein Taschentuch herauszuholen, da fiel das Opernticket zu Boden.

»Nein, wie konnte ich das verpassen?« entfuhr es ihm. Er überlegte. Er rekapitulierte. Am frühen Abend war er nochmals ins Hotel gegangen, wo er wieder einen Schwindelanfall erlitten hatte. Er hatte sich kurz hingelegt und war erst am Morgen wieder erwacht. Der Schlaf war schwer wie ein Stein gewesen, aber traumlos. Die ganze Sache hatte ihn doch recht mitgenommen. Eigentlich hätte er heute gerne Juditta gesehen, mit ihr gesprochen, denn ihre Gegenwart tat ihm wohl. Sie würde ihn aber sicher nach der »Zauberflöte« befragen, und er müsste es ihr beichten. Damit wollte er den heutigen Tag nicht trüben.

»Ist mit Ihnen alles in Ordnung?« riss ihn eine Frauenstimme aus seinen Gedanken.

»Gewiss doch«, stammelte Birnbaum.

»Aber das Blut...«, bemerkte die gutgekleidete Dame.
»Was? Blut?« fragte er nach, und dabei breitete sich in seinem Kopf wieder diese Leere aus.
»Ja, hier. Sie bluten aus der Nase. Sie sollten sich kurz hinlegen, bis es vorbei ist.«
»Herr Ober, helfen Sie doch bitte diesem Mann. Wo kann er sich hinlegen?«
»Nein, nein, das geht schon«, wehrte sich Birnbaum, von Panik ergriffen, »das ist gleich vorbei.«

Alle schauten sie mehr oder weniger verstohlen zu ihm hinüber. Keine Sekunde länger hielt er es hier aus. Abrupt stand er auf und verliess das Café, ohne sich nochmals umzudrehen. Vorbei an einer Fassade mit Einschusslöchern aus dem Zweiten Weltkrieg ging er schnellen Schrittes die Girardigasse hinunter, wo er das Schaufenster eines Schuh- und Lederwarengeschäfts als Spiegel benutzte, um mit einem Taschentuch und etwas Spucke sein Gesicht zu reinigen. Zum Glück hatte die Kälte die Blutung augenblicklich gestoppt. Als sein Gesicht wieder sauber war, sah er durch das Schaufenster den Schuhmacher, der zu ihm hinüberschaute. Beobachtete er ihn schon länger? Birnbaum betrat das Geschäft, kaufte sich ein paar lederne Schuheinlagen und trat wieder ins Freie.

Heute, an seinem vierten Tag in Wien, wollte Birnbaum die beiden Museen, die ihm so zugesetzt hatten, meiden. Keine Gemälde, keine Skelette, keine Schädel, keine präparierten Tiere. Zwar sähe er so Juditta nicht, doch es war besser, wenn sie nicht schon heute von seinem Malheur mit dem Ticket erfuhr. Und morgen, wenn er wieder etwas mehr bei sich war, konnte er dieses Thema besser vermeiden.

Er bog in die Linke Wienzeile ein, wo er bereits den Naschmarkt sah, welchen zu besuchen ihm Juditta geraten hatte. Die Zeitungslektüre im »Sperl« hatte ihn nicht nur durcheinandergebracht, sie hatte ihn auch frösteln lassen. Der eisige Wind besorgte nun den Rest, so dass er, nur wenige Minuten später, bereits wieder ein Kaffeehaus betrat. Es war mit Café Drechsler überschrieben. Kaum hatte er sich gesetzt, beschien die Sonne den Raum, so dass der in der Luft schwebende Zigarettenrauch sichtbar wurde. Aus der Küche drangen leise Geräusche. Hinten in der Ecke waren zwei jüngere Frauen in ein Gespräch vertieft, die eine war blond und in prallster Beleuchtung, die andere im Schatten. Zwei Tische von ihnen entfernt sass ein Paar am Fenster und küsste sich ausgiebigst. Der Stundenzeiger auf Birnbaums Taschenuhr zeigte kurz nach neun Uhr.

»Der war doch eine richtige Pfeife, doch er glaubt, ich verpfeif ihn.«

Für einen Augenblick glaubte Birnbaum, er sei gemeint. Nein, er war nicht gemeint, stellte er beruhigt fest. Die zwei Frauen lachten, die Blonde und auch die andere, die rabenschwarzes, wahrscheinlich gefärbtes, jedenfalls sehr kurz geschnittenes Haar hatte. Sie trug ein weisses Hemd. Sie hätte ein Jüngling sein können. Das Paar am Fenster holte kurz Luft und setzte dann zu einem neuen Kuss an, als ob es dafür einen Preis zu gewinnen gebe. Birnbaum trank seinen Obstler und versuchte zu verstehen, was mit ihm in dieser Stadt geschah. Er fragte sich, wo seine Jugend geblieben war, seine Hoffnungen, sein Enthusiasmus, sein gutes Aussehen. Seit ihn Marianne verlassen hatte, war in ihm etwas zerbrochen. Etwas in ihm war versteinert und abgestorben. Das spürte er in diesem Moment ganz deutlich, und es verursachte ihm Schmerzen, so wie wenn man sich eine schlecht verheilte Wunde an einem Stacheldraht erneut aufreisst.

So, jetzt sei kein Feigling, sprach er sich Mut zu, jetzt gehst du hinaus in die eisige Kälte des Naschmarkts. Kopf hoch, du musst nach vorne schauen. Ein Flugzeug vom Flughafen Schwechat über dem Markt deutete er als gutes Zeichen für diesen Tag. Er krempelte den Kragen hoch, ging durch den Gemüsemarkt, bis er den Flohmarkt erreichte. Hier gab es alte Postkarten, Gläser, Bücher, Bierdeckel, Langspielplatten, Zinnsoldaten, abgeschabte Boxhandschuhe, Gugelhopfformen, Heiligenbilder, Geigen, Feldstecher, Fotoapparate, ganze Kisten voller Silberbesteck und nicht wenige Kunstdrucke mit allerlei Tieren. Sogar ein flacher Schaukasten mit aufgespiessten Schmetterlingen aus dem Amazonasgebiet wurde feilgeboten. Es hätte ihn nicht gewundert, wenn er Marianne hier angetroffen hätte. Sie war neuerdings richtiggehend versessen auf solche Einkäufe. Wo sich eine Gelegenheit bot, besuchte sie Flohmärkte und Antiquitätengeschäfte. Es war bei ihr nicht nur eine Leidenschaft, es war eine Sucht. Sie konnte nicht anders. Und wenn er sie hier wirklich antreffen sollte? Kalter Schweiss lief ihm über den Rücken.

Birnbaum bemerkte, wie ein Strassenkehrer mit seinem Handwagen mehrere Male eine kurze Strecke mitten durch die Menschenmenge zurücklegte. Was hatte das zu bedeuten? Dieser Gang, diese Wiederholung erinnerte ihn an etwas, aber an was? Déjà-vu? Oder funktionierten seine Augen nicht mehr richtig? Hatte er den grünen Star oder den grauen? Musste er den Augenarzt aufsuchen? Musste er möglichst schnell operiert werden? Am besten gleich morgen? Dann sah er die Kamera, das in ein Langhaarfell verpackte Mikrofon, eine Frau mit einem Skript in der Hand und schliesslich den gestikulierenden Regisseur von hinten, der ihn vom Haarschnitt und der Bekleidung, aber auch von seinen Bewegungen her an Alexander Mendoz vom Naturhistorischen Museum erinnerte. Ja, er musste es sein. Heute verspürte Birnbaum überhaupt keine Lust, irgendjemanden zu treffen, der ihn an die schrecklichen Ereignisse im Museum erinnerte. Vor allem dieser Mendoz, der ihm den Schädel aufgenötigt hatte und in dessen Gegenwart er sich nicht besonders wohl fühlte, den wollte er heute keinesfalls antreffen. Aber wieso sollte ein Anthropologe hier einen Film drehen? Sah er Gespenster? Birnbaum rieb sich die Augen, fasste sich ein Herz und umrundete ihn langsam. Er atmete auf. Es war ein Fremder.

Erleichtert ging Birnbaum den Weg weiter und stiess dabei kleine Dampfwölkchen aus. Kurz bevor der Trödelmarkt wieder in den Gemüsemarkt überging, erregte eine grosse Pendeluhr seine Aufmerksamkeit. Mit fachmännischem Blick untersuchte er sie. Ein prächtiges Stück mit Holzintarsien. Kirsche und Nussbaum. »Verba docent, exempla trahunt« stand auf einer rückseitig befestigten Messingplakette, was er mit »Worte lehren, aber Beispiele reissen mit« übersetzte.

Er griff in seine Tasche und fühlte das kalte Metall seiner geliebten Taschenuhr. Sie war von Henry Grandjean gefertigt und ein Erbstück von seinem Grossvater mütterlicherseits, der am Genfersee gewohnt hatte, wo er in seinem weiterum bekannten Betrieb vor allem grosse Uhren für Kirchen und Bahnhöfe angefertigt hatte. Fester umklammerte er nun dieses Stück, das ihm wieder die schönen Erlebnisse seiner Jugend in Erinnerung rief. Das stahlbrünierte Gehäuse war in makellosem Zustand. Goldkrone, Goldbügel und Goldlippe waren kontrastreich abgesetzt; das Metall-Ziffernblatt war vergoldet und gab der Zeit, die durch die stahlgebläuten Spatenzeiger angezeigt wurde, etwas Gewichtiges, etwas Vornehmes. Henry Grandjean war nicht irgendein Uhrmacher gewesen, nein, er war ein Pionier, denn er hatte zusammen mit Ulysse Nardin und L. Jean-Richard die Schweizer Chronometer-Industrie begründet. Und sein Grossvater hatte ihm, darauf war Birnbaum besonders stolz, genau diese wertvolle Uhr und keine andere testamentarisch vermacht.

»Sie haben Interesse an dieser Pendeluhr?« riss ihn der Verkäufer, ein älterer Herr mit weissem Haar und gestutztem Bart, aus seinen Gedanken.

»Ja, doch. Sie gefällt mir sehr. Doch im Augenblick kann ich mich nicht entscheiden.«

Er verabschiedete sich, drehte sich um. Ach was, dachte er beim Weitergehen, was will ich mich mit einem solchen Ungetüm belasten, ich habe doch schon genug Taschen- und Reiseuhren.

Er war erst wenige Schritte gegangen, als er hinter sich einen Schrei hörte. Er drehte sich um und sah, wie die grosse Pendeluhr einen Mann, der sein Bruder hätte sein können, zu Boden schmetterte. Dabei barst die Verglasung. Der Stundenzeiger hatte sich halb gelöst und bohrte sich in den Oberkörper des Fremden, mitten in sein Herz.

»Nein, nicht schon wieder«, entfuhr es Birnbaum.

Als sich die Menschenmenge nach ihm umdrehte, ging er schnell weiter, immer schneller zwischen Sauerkraut, Äpfeln, Broten, Oliven und schliesslich zwischen Austern schlürfenden Besuchern hindurch. Er rannte und rannte. Bäume und Menschen stoben an ihm vorbei. Tauben flatterten auf. Er konnte nicht mehr. Völlig ausser Atem blieb er schliesslich stehen und schaute sich um. Niemand war mehr hinter ihm her. Noch einmal schaute er zurück, doch kein Verfolger tauchte auf.

Er schaute hoch. Da stand es geschrieben: Schwarzenberg-Platz. Unter dem Reiterstandbild scharten sich die Tauben, als wollten sie sich wärmen. Birnbaum bestieg die nächstbeste Strassenbahn. Es war die Nummer 71.

»Wohin fährt die?« fragte er den Fahrer, der im Führerstand sass.

»Direkt zum Zentralfriedhof.«

»Aber?«

»Da müssen wir doch alle hin. Je früher man sich daran gewöhnt, desto besser.«

Birnbaum nickte.

Immer wieder drehte er den Kopf. Hatte es jemand auf ihn abgesehen? Hatte er einen Menschen so tief verletzt, dass er sich rächen wollte? Oder hatte er jemanden zu Tode beleidigt? Er hätte sich keinen Grund vorstellen können. Aber diese Ähnlichkeit mit dem Verunfallten. Glaubte da jemand, er sei Zeuge des Museumsmordes geworden und wollte ihn so zum Schweigen bringen? Oder hatte er sich das alles wieder nur eingebildet wie beim Breughel-Bild? So musste es sein, dachte er. Alles nur Einbildung. Oder vielleicht doch nicht?

»Mir ist das wurst, weil es mich nicht betrifft. Mich betrifft es nicht«, hörte er einen jungen, schlaksigen Mann mit kurzen, fettigen Haaren vor sich hersagen.

Genau, der Mann hat recht, es betrifft mich nicht, dachte Birnbaum.

»Verstehst du, Süsse, mir ist es scheissegal«, brüllte dieser jetzt, doch da war kein Gegenüber.

Dieser Satz irritierte Birnbaum. Eben hatte er sich noch mit diesem Mann solidarisiert, doch dies ging in die falsche Richtung. Definitiv.

Der Mann wippte mit dem Kopf, murmelte noch etwas, dann nur noch das Wippen. Keiner der Fahrgäste schien von diesem Mann Notiz zu nehmen.

»Zentralfriedhof Tor 1.«
Niemand hatte den Aussteigeknopf gedrückt, und auch Birnbaum kam zu spät.
»Zentralfriedhof Tor 2.«
Aber jetzt. Birnbaum stieg aus. Gross markierte das weite Doppeltor den Eingang. Rechts davon standen nicht weniger als neun Frauen, alle hielten in jeder Hand je einen Kranz oder ein Blumenbouquet. Kaum dass jemand näher kam, bewegten sie sich hin und her, deuteten mit den Augen auf die reiche Auswahl in der Auslage hinter ihnen. Die Frauen buhlten so um die Gunst der Käufer. Die Toten brauchten die Kränze und die Verkäuferinnen das Geld. Samstags verkauften sie wohl mehr als üblich, denn da hatte man Zeit, sich um seine Toten zu kümmern.

Birnbaum trat gerade durch das grosse Tor ein, als ihn ein kühler Windstoss erreichte. Er blieb stehen. Er erinnerte sich an den grässlich kalten Winter, als sein Grossvater an einer Lungenentzündung starb und seine Frau ihm im Sommer folgte. Mit der Hand umklammerte er die Taschenuhr. Eines Tages, und das spürte er jetzt ganz deutlich, würde auch er sterben. Doch wer würde ihn begraben? Wer würde um ihn trauern? Wer würde sein Grab pflegen?

Er blinzelte. Drei Wege standen ihm offen. Links stand »Halle 1, WC«, in der Mitte »Halle 3, Kriegsgräber, Ehrengräber« und rechts »Halle 2«.

Nach dem Tod seines Vaters hatte Mutter im Weingut alle Hände voll zu tun. Birnbaums älterer Bruder ging ihr zur Hand. Auch Joseph musste damals mithelfen, trotzdem entschied er sich, Biologie zu studieren. Nach Abschluss des Studiums fragten ihn seine Mutter und sein älterer Bruder, ob er nicht doch noch in den Familienbetrieb einsteigen wolle. Das Gut habe ein grosses

Potential. Er als Biologe könne sein Wissen doch hier einsetzen und dann zusammen mit seinem Bruder das Gut führen. Aber er wollte diese Verantwortung nicht auf sich nehmen, auch wenn er sah, wie viele Familienbetriebe es am See gab und mit welchem Erfolg sie arbeiteten. Er wollte forschen können, er wollte frei sein.

Birnbaum wählte den mittleren Weg, die Ehrengräber, ging geradeaus bis zur Gruppe 32 A. Das Schild »Musiker« leitete ihn leicht links. Da hatten Beethoven, Mozart, Franz Schubert, etwas weiter auch Brahms und Johann Strauss ihre Grab- oder Erinnerungsstätte. Auf all diesen Gräbern lagen vereinzelte Blumen oder ganze Sträusse, meistens Rosen, als ob dies eine Bühne wäre, als ob die Musiker nach ihrer Aufführung aus dem frenetisch applaudierenden Publikum Rosen zugeworfen bekommen hätten. Und die Blumen waren noch nicht verwelkt. Offensichtlich bekamen diese Komponisten täglich die Huldigung ihrer Verehrer und Verehrerinnen. Eine verrückte Stadt, dachte Birnbaum. Alle paar Minuten flog ein Flugzeug von Schwechat los, gewann über den Gräbern allmählich an Höhe und verlor sich an diesem kalten, aber sonnigen Morgen in der Ferne. Birnbaum war gerührt, er verspürte eine Sehnsucht, doch er wusste nicht wonach. Er beobachtete eine Frau mit einem Kessel und einer Harke bei einem Grab. Eine Amsel scharrte im Laub. Er verspürte eine tiefe Melancholie, ein Würgen in seiner Brust.

Da erinnerte er sich wieder. In jener Nacht schneite es. Selbst auf dem Flur war es bitterkalt, was ihn von einem Gang auf die Toilette abhielt. Am folgenden Tag schienen die Sonnenstrahlen vom völlig aufgeklarten Himmel auf die frische Schneedecke. Joseph öffnete das Fenster und hörte aus dem Gebüsch den Ruf eines Vogels. Dann sah er von Weitem eine Gruppe von Menschen, die wie bei einer Prozession etwas trugen. Langsam kamen sie näher, gingen hinter den Bäumen durch, um vor ihrem Haus anzuhalten. Kurz darauf hörte er das Schreien und Weinen, das Schluchzen seiner Mutter, die sich immer wieder Schnee über ihren Kopf schüttete. Sie war wie von Sinnen. Wieso Vater nachts noch durch die Rebstöcke gegangen war, konnte sich niemand erklären. Gewiss, er hatte nach dem Klassentreffen einiges getrunken, vielleicht war ihm auch etwas zu Ohren gekommen, das ihn beschäftigte. Die meisten vermuteten, dass ihm die alte Geschichte mit seinem Bruder wieder leibhaftig ins Bewusstsein getreten war, dass er es nicht mehr ausgehalten hatte, mit dieser Schuld zu leben. Joseph war nach Vaters Tod sehr lange traurig gewesen. Doch dies war nun schon weit weg, und der Schmerz konnte ihn heute nicht mehr erreichen. Das hatte er durchlebt.

Eine zweite Amsel scharrte mit ihrem gelben Schnabel neben dem Grab, vor dem er stand, nach Würmern. Birnbaum ging den Weg, der auch von vereinzelten Autos befahren wurde, zurück, verliess den Friedhof und stellte sich an die Haltestelle der Strassenbahn. Er drehte sich einmal ganz langsam um die eigene Achse und sah den Eingang zu Conrad Hintermeier, Grabsteinerzeugung, das Café Vindobona, einen Taxifahrer vor einem Würstelstand und wieder die wippenden Kranzfrauen.

Er bestieg die Strassenbahn, den 71er, den Bewohnern auch bekannt als der letzte Weg eines jeden Wieners. Er nickte dem Fahrer zu. Doch diesmal sollte er ihn wieder zurück zu den Lebendigen bringen. Architektonisch gesehen war diese Fahrt eine Reise zurück in der Zeit. Zuerst die Neubauten, die Autobahnbrücken, die Starkstromleitungen, dann die Häuser aus den Fünfzigern, aus den Vierzigern, aus den Dreissigern. Die Jahrhundertwende tauchte auf, und bald sank er tief ins 19. Jahrhundert, in dem Franz Joseph der Erste die Stadtmauer hatte schleifen lassen, um den Ring zu bauen, genau so wie es ihm Juditta beschrieben hatte. Beim Schwarzenbergplatz stieg er aus und wechselte zur Strassenbahn Nr. 1, mit der er wie in Trance stundenlang die Altstadt umrundete, als wäre er ein kleines Kind, das Karussell fährt und nie wieder aufhören möchte.

Es war unten am Neusiedlersee. Die Segler hatten ihre Boote im kleinen Hafen festgemacht. Die Touristen sassen bereits in den Gaststuben und Schenken von Rust beim Essen, tranken Blaufränkisch, St. Laurent oder Zweigelt, meistens aber Grünen Veltliner, lachten und genossen das Leben. Die Sonne war am Untergehen, der Abend war wunderbar. Zusammen mit einer Clique von drei Burschen und zwei Mädchen, die er erst seit Kurzem kannte, sass der zehnjährige Joseph am Ufer. Vom Land her konnte man die kleine Gruppe nicht sehen, da der Schilfgürtel die Sicht verdeckte. Allein vom See her hätte man sie sehen können, doch da schwammen nur ein paar Wasservögel, die sich für anderes interessierten. Endlich sass er einmal nicht hinter den Büchern oder war beim Vögelbeobachten, dachte er, endlich hatte er Anschluss an andere in seinem Alter gefunden. Nein, er solle aufhören, hörte er Kerstin sagen. Joseph schaute verstohlen hinüber, dann aber wieder auf die gekräuselte Oberfläche des Neusiedlersees. War da nicht der Teichrohrsänger, sein oboenartiger Klang? Sie wolle das doch auch, hörte Joseph den Jungen sagen, wobei seine Stimme seltsam metallen tönte. Dann hörte er das Mädchen lachen. Doch das Lachen tönte immer mehr wie ein Glucksen.

»Nein, nicht«, hörte er jetzt die seltsam überdrehte Stimme des Mädchens. »Nein, nicht!«

Joseph schaute weiter auf den See hinaus, wo sich die Wellen kräuselten, gerade so, als ginge ihn das Ganze nichts an. Ab und zu schaute er ängstlich Richtung Zufahrtsweg, ob da vielleicht jemand käme. Irgendwie war es ihm nicht wohl bei der Sache, es würgte ihn, doch er schaute nicht hin, er begriff nicht ganz oder er wollte nicht begreifen, und er griff nicht ein.

5. Tag

Wirklich ein schönes Exemplar im fahlen Licht der Morgendämmerung, dachte Birnbaum. Er erinnerte sich an die ausgebleichten und schön bemalten Schädel aus Hallstatt: Damals hing der Himmel für Marianne und ihn noch voller Geigen. Doch das war längst vorbei. Die Schrift auf diesem Schädel war dermassen abgeschabt oder ausgebleicht, dass er sie nicht so einfach entziffern konnte. Aber was erhoffte sich dieser Mendoz? Seit mehr als zwanzig Jahren hatte er, Birnbaum, nicht mehr auf diesem Gebiet geforscht und publiziert. Vielleicht wäre es besser, ihm den Schädel noch vor der Abreise zurückzugeben. Dann wäre er wohl beleidigt. Aber den Schädel mit an den Neusiedlersee zu nehmen und ihn immer wieder anschauen zu müssen, dieses memento mori brauchte er nun wirklich nicht. Da kam ihm Kerstin, Patrizias Schwester, in den Sinn. Sie war Fotografin und hatte eine grosse Arbeit über diese bemalten Schädel publiziert. Es mochte wohl ein Jahr nach der Trennung von Patrizia und der Scheidung von Marianne gewesen sein, da hatte sie einen Bildband über den Neusiedlersee veröffentlicht. Verschiedene Menschen, so auch er, hatten einen Text beigesteuert. An der Buchvernissage hatte er mit ihr geplaudert. Sie war eine wirklich nette Person. Nun aber, als er in diesem Hotelzimmer stand und dieser Schädel ihn mit seinen leeren schwarzen Augenhöhlen anglotzte, würgte ihn etwas. Da sah er es, und er spürte einen Stich wie von einem kalten Metall in seinem Herzen. Ja, jetzt erkannte er es ganz deutlich. An jenem Abend am Ufer des Sees hätte er hinschauen müssen, er hätte eingreifen müssen. Das war kein Spiel gewesen, denn an diesem

Abend wurde Kerstin vergewaltigt, und er hätte es in der Hand gehabt, das zu verhindern. Was hatte er sich nur gedacht? Gewiss, er war noch ein Kind, begriff noch nicht richtig, was geschah. Doch er hätte schreien können, so dass der Junge vom Mädchen abgelassen hätte. Einfach nicht hinschauen, nichts wissen wollen, den Unschuldigen spielen? Da hatte er sich eine grosse Schuld aufgeladen. Ein kalter Schauer lief über seinen Rücken. Ein Strudel erfasste ihn, und in seinem Kopf wurde alsbald alles weiss, und er hörte auf zu denken. Ihm war, als hätte die Zeit zu fliessen aufgehört. Sein Orientierungssinn, sein Zeitgefühl, ja selbst das Gefühl für seine eigene Existenz schienen ihm irgendwie abhanden gekommen zu sein. Instinktiv schlug er sich mit der Hand ins Gesicht, bis er wieder ganz bei sich war. Er musste sich so in die Wirklichkeit zurückprügeln. Das war schon als Kind manchmal so gewesen, etwa nach dem Tod der Katze. Und es war damals nach der Scheidung von seiner Frau Marianne nicht anders gewesen.

Doch nach den Wochen des Saufens fing nach der Trennung die Einsamkeit erst richtig an. Oft sass er damals alleine am Küchentisch wie ein kleines Kind. Wie ein aufgeschlagenes Ei. Und er musste sich ins Gesicht schlagen, um wieder bei sich zu sein, um nicht in diesem Taumel, dieser Leere, dieser tatenlosen Ohnmacht zu versinken. Stundenlang sass er damals am Küchentisch. Er stand alleine auf, machte sich alleine Kaffee. Da war keine kleine Samantha, die er hätte füttern und umarmen können. Und wieder sass er alleine am Küchentisch, ass einen Toast, trank den Kaffee, ging in die Schule, erzählte den Schülern von der Anatomie des Menschen, erklärte ihnen die Mendelschen Gesetze, die Zugbahnen der Vögel, doch er war wie ausgehöhlt, als sehe er einem andern zu, der Schule gibt. Abends trank er dann ein Bier oder zwei, machte sich das Abendessen, korrigierte Prüfungsarbeiten, las noch etwas, ging zu Bett. Er kam sich so vor wie ein Gefängnisinsasse, der lebenslänglich sitzt, seine Schuld abträgt und der jeden einzelnen Tag mit einem schwarzen Kreuz vom Kalender ausstreicht. So zerrannen die Tage und Wochen. Und heute spürte er in seinem Innern, dass er sich nicht nur mit der Abtreibung des Ungeborenen von Patrizia, sondern auch mit seiner Passivität bei Kerstins Vergewaltigung schuldig gemacht hatte. Und noch immer lastete diese Doppelschuld auf ihm. Je länger er hier in Wien war, desto mehr. Er hielt es im Hotelzimmer nicht mehr aus, er musste raus hier.

Auf zwei Säulen links und rechts des Portals des Schlosses Schönbrunn sassen zwei goldene Adler, die Flügel bereits in der Absicht ausgebreitet, sich den einen oder anderen Touristen, vielleicht ihn, Joseph Birnbaum, mit ihren scharfen Krallen zu schnappen. Sie hätten ihn in ihren Horst gebracht, und die Jungen hätten ihm Fleischstücke aus dem Leib gerissen, hätten sich gerächt, hätten so die Gerechtigkeit wieder hergestellt. Es war kühl an diesem Morgen, ihn fröstelte. Ein magerer Hund wedelte mit dem Schwanz und schaute ihn mit grossen Augen an. Dieser Hund kam ihm so vor wie seine eigene Seele, die er erst hier in dieser Stadt unter grossen Schmerzen wiederfand.

Vor dem Schloss standen zwei Fiaker, auf den Pferderücken lagen Decken. Birnbaum ging um das Schloss herum. Diese Woche hatten die Gärtner die kranken Hainbuchen zwischen Schloss und Neptun-Brunnen gefällt, was in der wienerischen Tagespresse ziemlich viel Staub aufgewirbelt hatte. Dafür kamen jetzt die Marmorskulpturen wieder besser zur Geltung. Dahinter hatten sie damit begonnen, eine neue Reihe zu pflanzen, die wohl auch schon vier Meter hoch war. Sie sollten jedoch nicht höher als siebeneinhalb Meter werden, so wie es schon zu Maria Theresias Zeiten wegen des Goldenen Schnitts der Fall gewesen war. Dieses Gebiet war mit weissroten Holzlatten abgesperrt. Ein Mann, hinter seiner Frau gehend und mit dieser ins Gespräch vertieft, versuchte die Abschrankung zu überklettern, stürzte dabei in den Staub, schaute zu seiner Frau auf, die jedoch nichts bemerkte und laut argumentierend weiterging, worauf sich der Mann wie ein Kleinkind, dem die Mutter keine Aufmerksamkeit schenkt, erhob und ihr schnell nachging.

Birnbaum bückte sich kurz, und schon hatte er die Abschrankung überwunden. Zwischen Erdhaufen, Lastwagen und Baggern hindurch suchte er sich seinen Weg, um am hinteren Ende, beim Neptun-Brunnen, wieder unter der Holzlatte durchzuschlüpfen. Er stieg den geometrisch gewundenen Weg hoch bis zur Gloriette, von wo aus er die ganze Anlage von Schönbrunn samt der Stadt Wien im Hintergrund überblicken konnte. Die Bagger wie Katzen, die Touristen wie Mäuse, und darüber ein hellblauer Herbsthimmel mit weissen Wolkentupfen, doch alles in friedlicher österreichischer Harmonie, ganz im Sinne des Kaisers.

Eine Gruppe von Japanern, die sich hier in Wien sichtlich wohl fühlten, tat sich gütlich an hochroten Eibenbeeren, deren Steine sie lachend ausspuckten. Ansonsten hätten sie, das wusste er als Biologe, den Schmaus wohl nicht überlebt.

Er brauchte nicht mehr weit zu gehen, und schon betrat er den Tierpark. Zwischen Hirschen und Przewalski-Pferden, zwischen Rentieren und Mähnen-Springern, zwischen grünen Abfallbehältern und Bisons, zwischen

Baumaschinen und Lastkränen, zwischen Schaukelapparaturen in Elefantenform und Kinderwagen mit grossen Rädern watete Birnbaum durch die vom Wind über den rissigen Asphalt geschobenen Ahornblätter. Er schaute bald den Affen zu, bald den Papageien, doch er konnte sich heute nicht richtig konzentrieren. Er spürte einen dumpfen Druck im Hinterkopf. Er kam sich vor wie eine Kamera, die einmal diese Szene, dann wieder jene aufnimmt. Beim Gepardenfreigehege hielt er an.

»Die spinnen doch. Dass Geparde so gehalten werden. Ich bin mir nicht so sicher, ob die den Zaun in einer Extremsituation, etwa bei einer Feuersbrunst, nicht überspringen könnten«, sagte eine Frau zu ihrem Mann und zog die Kinder vom nur gut zwei Meter hohen Zaun weg, hinter dem sich nur noch ein viel niedrigerer Elektrozaun befand.

Auch Birnbaum hatte keine Lust, in der Nähe des hin- und hergehenden Geparden zu bleiben, also drehte er sich auf seinem Absatz um, sah das gelbe Zentrum vor sich, zu dem alle acht Wege wie zu einem Stern hinführten. Es war der Kaiser-Frühstückspavillon zu Schönbrunn. Marmortische aus Kunststoff, goldig bemalte Stühle mit samtener Sitzfläche, die ihn an Stühle in Opernlogen erinnerten, die Wände mit echten Holzschnitzereien, Mauerbilder mit Tierdarstellungen, die Kuppel wie in einer Kirche ausgemalt.

Ein Mädchen hatte sich verschluckt. Ihre Mutter klopfte ihm auf den Rücken und strich ihm anschliessend übers Haar. Ein sehr dicker Mann, der zu zerplatzen drohte, trank nur einen Kaffee, während seine zwei Begleiter, die ihm gegenüber sassen, Pommes frites assen. Trotzdem fand der Dicke Grund zum Lachen.

Birnbaum schaute sich immer wieder die Tierbilder

an. Und immer wieder schaute er ins Leere, dachte an die vergangenen Tage, dachte an Patrizia und Kerstin, an Marianne, fragte sich, wie das alles hatte passieren können. War es so vorausbestimmt, oder hätte er es in der Hand gehabt, alles zu ändern? Und wenn dem so war, wieso hatte er nicht anders gehandelt? Wieso fand er nicht die Kraft? Dabei schaute er ins Leere, als er plötzlich zwischen Kuchenhochvitrine und dem Bildnis von Kaiser Franz Joseph I. durch die Glastüre weit hinten einen Mann erblickte, der eben daran war, den Gepardenzaun zu überklettern.

»Nein!«

Birnbaum schoss auf, so dass sein Gulasch hoch aufspritzte, rempelte ein paar Gäste an, raste durch die Türe, die Treppe hinunter, als der Gepard den Mann, den blutenden Nacken bereits zwischen den messerscharfen Zähnen, ins Gebüsch schleppte. Birnbaum hörte Schmatzgeräusche.

»Aber«, stotterte Birnbaum, als er atemlos vor dem Gitter stand.

»Was ist los?« fragten zwei hinzugetretene Männer.

»Hat es denn niemand gesehen, der Gepard hat einen Mann getötet. Holen Sie schnell einen Wärter.«

»Was ist denn los?« fragte dieser.

»Der Gepard hat sich einen Mann geschnappt.«

»Was, und wann soll das gewesen sein?«

»Eben gerade. Ich hab's mit meinen eigenen Augen gesehen.«

»Aber der Gepard ist hier. Sehen Sie. Er ist ganz friedlich. Und einen Toten seh ich nirgends.«

»Vielleicht hat er ihn versteckt.«

»Und wie soll der Mann ins Gehege gekommen sein?«

»Über den Zaun.«

»Sie sehen ja, wie hoch der Zaun ist, da wird doch keiner rüberklettern, und wenn, dann könnte er sich ja gleich vor einen Zug werfen. Aber wenn es Sie beruhigt, wir haben ein Auge auf das Gehege.« Dabei zwinkerte er den andern zwei Männern zu. »Oder wollen Sie mir Ihre Telefonnummer geben, und wir rufen Sie an, wenn wir doch noch einen Toten finden?«

»Nein, keine Nummer. Entschuldigen Sie, ich muss gleich weg.«

Augenblicklich ging er davon und verschwand zwischen den vielen Menschen.

»Wieder so ein Spinner!« sagte der Wärter zu den Umstehenden. »Zuerst will er einen Toten gesehen haben, und dann haut er ab! Der hat sie wohl nicht alle.«

Birnbaum begann jetzt zu rennen. Er sah die Tiergartenbesucher nur noch verschwommen. Trotzdem rannte er wie von Sinnen, stieß gegen Menschen, die ihm im Weg standen, achtete nicht mehr darauf, wie die Süssigkeiten der Kinder in den Staub fielen, wie Kinderwagen ins Wanken gerieten, wie sich entsetzte Besucher nach ihm umdrehten, ihm den Vogel zeigten, bis er schliesslich den Tiergarten durch den Hinterausgang verlassen hatte und schweissüberströmt innehielt. Er bekam kaum noch Luft, und es war ihm schwindlig. Er schlug sich mit dem Handballen mehrmals an die Stirn.

»Birnbaum, komm wieder zu dir. Du bist in Wien. Du bist im Tiergarten. Nichts ist geschehen. Alles ist in Ordnung. Es ist Sonntag. Alle sind friedlich. Du hast dir alles nur eingebildet. Es sind nur die Nerven.«

Wieder holte er sich den Flachmann, den er sich nach dem Ötzimord in einem einschlägigen Geschäft in der Innenstadt gekauft hatte, und nahm einen Schluck. Dabei schaute er in die Tiefe des Parks, wo er das aus Eisen und Glas erbaute Palmenhaus erblickte. Wie von einem Faden gezogen ging Joseph Birnbaum dorthin, betrat das Kalthaus, schlenderte durch den temperierten Mittelpavillon, um schliesslich länger im eigentlichen Tropenhaus zu verweilen. Er glaubte, sich nun etwas von diesem Schock erholt zu haben, doch kaum war er wieder draussen an der kühlen Luft, sah er wieder den zähnefletschenden Geparden vor sich, wie er Fleischstücke aus dem Toten riss. Und wieder rann das Blut, versickerte im Sandboden. Birnbaum hielt es hier draussen nicht mehr aus, er musste wieder zurück in die Innenstadt.

»Ach, der Herr Birnbaum ist wieder da. Nun, ich glaubte, Sie wollten täglich in ein paar Sälen Ihre Studien betreiben, und das der Reihe nach. Und jetzt sind Sie schon beim letzten angelangt. Reisen Sie jetzt doch schon ab?«

»Nun ja«, stotterte er, »irgendwie sind andere Dinge wichtig geworden. Ich werde durch gewisse äussere Umstände, widrige Umstände, würde ich sogar sagen, daran gehindert, klaren Kopfes meine Recherchen durchzuführen.« Er hustete. »Jedenfalls nicht so, wie ich mir das vorgestellt hatte. Aber abreisen werde ich deswegen noch nicht, wenn Ihnen das recht ist.«

»Das ist mir sogar sehr angenehm, Herr Birnbaum.«

Er errötete leicht.

»Ich habe mir gedacht, dass ich es heute doch noch einmal versuche.«

»Da haben Sie recht.«

»Dabei bin ich wohl auf einer Bank kurz eingenickt.«

»Das macht doch nichts. Sie machen eben viel durch diese Tage. Aber entschuldigen Sie, die Gäste warten. Am Sonntag haben wir Hochbetrieb, vor allem kurz bevor wir schliessen, da wollen die Leute noch weiss Gott was bestellen.«

»Ja, ich verstehe.«

Sie nickte, lächelte ihm zu und drehte sich um. Diese weissen Zähne, diese Haut, diese klaren Augen. Sie war eine hübsche Frau, und er war Junggeselle. Er ging zurück in die Sammlung, schaute sich noch etwas die Affen und dann die Raubkatzen im Saal 38 an, anschliessend auch die Rehe und Hirsche, sozusagen die Beute, im Saal 37 und schliesslich die Steinböcke und Bisons im Saal 36. Er wusste nicht recht, ob ihn der vermeintliche Vorfall beim Geparden oder Juditta mehr durcheinander brachte.

»Du arbeitest zu viel. Wenn du nicht in der Schule bist, schaust du unten am See durch den Feldstecher. Oder du hockst stundenlang an deinem Schreibtisch. Das ist für die Frauen etwas langweilig, vor allem für deine eigene«, pflegten seine Freunde damals zu sagen, als alles noch in Ordnung war. Ja, da hatten sie recht. Er sollte sich auch einmal für andere Dinge interessieren. Kein Wunder, dass viele Biologen nicht verheiratet waren, sondern mehr verbunden mit den Pflanzen, den Tieren.

»Was, schon so spät!« Er ging nochmals ins Café. Juditta von Krems war noch da.

»Ah, und noch was, Herr Birnbaum. Morgen ist Montag, und am Montag habe ich immer frei.«

»Ja?«

»Ja, und am Dienstag bleibt das Museum geschlossen.«

»Ja?« fragte Birnbaum hoffnungsvoll.

»Nun, ich dachte, ich empfehle Ihnen für Montag das Morgentraining mit Musik in der Hofreitschule, das findet nämlich ausnahmsweise am Montag statt.«

»Ach ja, vielen Dank«, sagte Birnbaum etwas enttäuscht, obwohl er eigentlich nicht wusste, was genau er von ihr erwartet hatte. Eine Liebeserklärung? Oder eine Einladung? Die Frauen dachten wohl, er sei ein komischer alter Kauz, den es zu bemuttern gelte. Aber bei Juditta hatte er ein anderes Gefühl. Er spürte, dass sie mehr wollte. Vielleicht brauchte sie noch etwas Zeit. Auf alle Fälle war er froh, dass sie ihm Ratschläge gab, jetzt, wo er durch die äusseren Ereignisse in diesen inneren Strudel gezogen wurde. Schliesslich konnte er nach dem Vorgefallenen nicht mehr alle verbleibende Zeit in diesem Museum verbringen. Und diese düstere Seite, so sehr sie ihn auch verwirrte, liess ihn nicht mehr los.

Birnbaum schaute lange zu einem Fenster hinaus, verabschiedete sich dann abrupt, verliess das Gebäude und ging in den kühlen Abend hinaus.

Er konnte nicht sagen, wann genau das mit dem Schweigen begonnen hatte. Sicherlich erst nach der Trennung von Marianne. Manchmal war er sehr umgänglich, in Gesprächen mit einzelnen Menschen sogar sehr redselig, sprach dann voller Begeisterung von seinen Vögeln, dem Brutverhalten der Störche, vom Klappern, von ihren Zugbahnen. Doch in grösseren Gesellschaften verfiel er in letzter Zeit immer öfter in ein Schweigen, wobei es ihm so vorkam, als sitze er in einem feuchten Keller auf der nackten Erde. Es roch nach Kartoffeln, und er spürte die Kellerasseln an seinen Zehen. Er wusste, dass ihn Vater nicht vor dem Abendessen wieder rauslassen würde. Er sass da im Dunkeln, hörte seinen eigenen Atem, doch das Schlimmste war diese Stimme, mehr ein inneres Flüstern, vielleicht auch nur seine Gedanken, vielleicht aber auch der Teufel, der ihm sagte, wenn er raufkomme, solle er seinen Vater umbringen. Nein, das wollte er nicht wirklich. Doch wenn er nachts wach im Bett lag, stellte er sich immer wieder vor, wie er in die Küche schlich, das schärfste Messer aus der Schublade holte, leise ins Schlafzimmer seiner Eltern ging, sie beide ruhig atmen hörte, wie er dann mehrmals heftig auf seinen Vater einstach, ohne dass Josephs Mutter dadurch aufgeweckt worden wäre, dann das Messer in der Küche mit Wasser abwusch, abtrocknete und wieder in der Schublade versorgte, sich schlafen legte und am Morgen von nichts mehr wusste. Das war das Schlimmste. Sich am Morgen an nichts mehr zu erinnern. Jemanden ermorden und nachher nichts mehr davon wissen. Diese Vorstellung liess ihn eine Zeitlang nicht mehr los. Morgens lauschte er jeweils mit pochendem Herzen, und wenn er die Stimme seines Vaters hörte, atmete er erleichtert auf.

6. Tag

Joseph Birnbaum hatte einen Knoten in seinem Gesicht. Als er seinen Körper anschaute, sah er, dass er mit Geschwulsten übersät war. Er nahm eines dieser Geschwulste zwischen Daumen und Zeigefinger, um seine Konsistenz zu prüfen, und es liess sich zu seinem Erstaunen ganz leicht von der Haut ablösen, denn es war eine Schnecke. Er entfernte noch mehrere dieser schleimigen Tiere und fühlte sich dann ziemlich erleichtert. Doch nach kurzer Zeit waren alle wieder an ihm hochgekrochen. Wieder riss er sie weg und rannte davon. Als er verschnaufen musste, waren sie wieder auf seiner Haut. Er riss sie wieder weg. Doch diesmal wuchsen sie direkt aus seiner Haut.

Es ging gegen sieben Uhr. Es war Montag. Er stand auf, doch sein Kopf war benommen von den Träumen der vergangenen Nacht. Er schaute in den Spiegel, wusch sich das Gesicht, doch die Müdigkeit blieb. Er hatte Tränensäcke. Der blauviolette Schimmer um seine Augen hätte Schminke sein können. Alles um ihn herum kam ihm vor wie Watte, selbst die Töne kamen nur weich und verschwommen in seinen Ohren an. Und der nächtliche Traum war noch lebendig: Kaum schloss er die Augen, waren die schleimigen schwarzen Biester wieder da.

Birnbaum ging zum Fenster und öffnete es. Draussen war es grau. Der Nebel hatte für ihn etwas Beruhigendes, vielleicht weil die Luftfeuchtigkeit seine Lungenbläschen weitete und er frei atmen konnte. Oft war er bei dieser Wetterlage an den Ufern des Neusiedlersees zu Fuss unterwegs. Er liebte das. In den Bergen gab es wallende, gestrandete Wolken, eine stete Bewegung oder gar die

Sicht auf ein Nebelmeer, doch hier in dieser Tiefebene war das anders: Hier war der Nebel oft einförmig wie verdichtete Luft, und gerade weil er die Weitsicht so enorm einschränkte, auch immer etwas, das wie aus dem eigenen Innern kam, etwas wie der eigene Atem, der allmählich die ganze Umgebung einhüllte.

Er konnte heute nicht ins Museum. Das spürte er ganz deutlich. Er musste raus, er wollte irgendwo spazieren, wo sich seine Seele beruhigen konnte, wo er sich auf nichts Bestimmtes konzentrieren musste. Er faltete den Stadtplan von Wien aus und suchte sich einen grün eingezeichneten Bereich, denn wo es grün war, da war auch viel freie Sicht, und da war es ruhig.

Vom Gauss-Platz herkommend betrat Joseph Birnbaum den Augarten-Park und sah sogleich dieses Monstrum von einem Bollwerk vor sich, diesen runden Fliegerabwehrturm. Er war einer der sechs Türme, welche die Deutschen 1942 erbaut hatten, um darin Tausende von Soldaten sicher unterzubringen. Jetzt waren sie gleichsam Mahnmale und dienten den Krähen als Landeplatz. Er schaute wieder auf den Weg. Das Klik-Klak von Boccia-Kugeln drang an sein Ohr. Ein Mann übte um diese Zeit wohl für ein Turnier. Birnbaum ging ruhig weiter durch den Nebel, der hier etwas höher und lichter war als beim Hotel. Bald hatte er das andere Ende des Parks erreicht, wo im hellgelben Palais Augarten die Porzellan-Manufaktur Wien ihre Teller, Tassen, Beethoven- und Mozartbüsten sowie Pferde in Schauvitrinen zeigte und zum Verkauf anbot. Er hauchte an die Fensterscheiben, bis sich selbst die Pferde in der Helligkeit auflösten und er nichts mehr sehen konnte.

»O sole mio« hörte er plötzlich jemanden singen, und in demselben Augenblick fuhr Birnbaum auf dem Vaporetto den Canale Grande hinunter, sah die Palazzi vor seinen Augen, roch das salzige Wasser. Da waren die glitschigen Taue, die tuckernden Boote mit allerlei Lasten beladen, da tauchte rechter Hand der Campo della Pescheria auf, wo die Händler ihre frischen Fische feilboten. Etwas weiter hinten lag diese Weinstube, das »Do Mori« an der Calle do Mori, wo er abends seinen Ombra zu trinken pflegte. Er wohnte während des Forschungsprojekts etwas weiter hinten direkt am Campo San Polo, einem der wunderbarsten Plätze Venedigs. An jenem Abend, es mochte Ende Mai gewesen sein, sah er draussen auf der Gasse Patrizia gehen. Er konnte es kaum glauben. Schnell bezahlte er, um ihr dann nachzueilen. Als er sie schon fast eingeholt hatte, verlor er sie im Gedränge auf der Rialto-Brücke wieder aus den Augen. Tags darauf wartete er vor der Weinstube. Und noch bevor er sie erblickte, spürte er diesen Magnetismus, der von ihr ausging. Da stand sie plötzlich vor ihm. Sein Inneres war immer noch von derselben Glut erfüllt. Zusammen tranken sie einen kühlen Ombra, ein Gläschen von diesem Weisswein, den die fahrenden Händler einst auf dem Markusplatz im Schatten des Campanile zu verkaufen pflegten.

»Es war nicht meine Absicht«, fing er an, »und was geschehen ist, tut mir aufrichtig leid. Ich hätte dich nicht verlassen sollen, nachdem uns meine Frau ertappt hat. Ich konnte sie nämlich nie mehr zurückgewinnen. Und so habe ich zwei Frauen verloren. Ja, ich bin voller Reue und Scham darüber.«

Sie beugte sich vor und sah ihm ins Gesicht.

»Und für mich, was denkst du? Für mich war es eine sehr schwierige Zeit. Zuerst das Kind verloren und etwas später den geliebten Mann. Wieso hast du damals nicht zu mir gehalten?«

Birnbaum schwieg lange, dann schauten sie sich in die Augen. Sie tranken noch einen Ombra, einen flüssigen Schatten, den die Venezianer so lieben. Es knisterte zwischen ihnen. Und wieder schauten sie sich an und begannen, über die alten Zeiten zu sprechen.

»Und was machst du so?« fragte sie ihn, worauf er von dem Forschungsprojekt in Venedig erzählte, vom Brutverhalten der Wasservögel, den Wasserpflanzen, den Hochwassern.

»Und du?«

»Ach, so vieles hat sich verändert. Ich habe eine Familie.« Sie zog kleine Familienfotos hervor. »Siehst du, das ist die Kleine, und das sind die Zwillinge. Ja, ich bin nun doch noch Mutter geworden, und gleich mehrfach.«

»Und dein Mann?«

»Doch, doch. Wir verstehen uns gut. Er ist ein guter Vater.«

»Aber?«

»In letzter Zeit stecken wir irgendwie fest. Ich weiss nicht, was los ist. Er ist viel ausser Haus, und wenn er da ist, ist er mürrisch. Irgendwie müssen wir das wieder auf die Reihe kriegen.«

»Ich verstehe.« Er legte ihr den Arm um die Schultern.

Anschliessend schlenderten sie durch die Gassen, kehrten nochmals in einer Wein-Bar ein und gingen dann zusammen auf ihr Zimmer auf der andern Seite der Rialto-Brücke. Er war trunken von dem langen Gespräch, von ihrem Parfüm und dem Alkohol. Der erste Kuss nach so langer Zeit war so intensiv, als wäre es überhaupt sein erster. Ihr wunderbarer Hals, ihre Ohren, ihre Schultern, ihre Brüste. Sie liebten sich gleich mehrere Male, als müssten sie all die Jahre nachholen, und Birnbaum war glücklich, dass er Patrizia endlich wiedergefunden hatte, dass wenigstens sie ihm verziehen hatte. Diesmal würde er sie nicht wieder verlassen. Diesmal würde er um sie kämpfen. Sie könnte sich scheiden lassen und dann ihn heiraten. Den Kindern wäre er sicherlich ein guter und einfühlsamer Vater. Und alles käme doch noch zu einem guten Ende.

Am andern Morgen wurde er vom Tuckern der Boote geweckt. Die Sonne zeichnete helle Rechtecke auf den Steinboden. Aber sie lag nicht mehr neben ihm im grossen Doppelbett. Er glaubte, sie sei im Badezimmer. Er stand auf, um sie mit einem Morgenkuss und ein paar lieben Worten zu begrüssen. Doch da lag nur ein Brief:

Joseph. Es war ein wunderbarer Abend mit Dir, eine wunderbare Nacht. Doch dies alles kommt viel zu spät. Ich habe mir eine neue Existenz aufgebaut, ich habe Familie, ich habe Kinder, ich habe Verantwortung. Da kann ich es nicht zulassen, dass Du mir dieses Leben zerstörst. Auch wenn es mich selber schmerzt, weil meine Liebe zu Dir noch nicht erloschen ist, es muss hier ein Ende haben. Du machst mir mein Leben nicht nochmal kaputt. Versuch nicht, mich aufzuspüren, es hat keinen Zweck, und es würde Deine Schmerzen nur noch vergrössern. Patrizia.

»O sole mio« tönte es immer noch, und als Birnbaum etwas näher trat, sah er diesen sehnigen, braungebrannten Mann mit Schnauzbart, der die grünen Kübel im Augarten-Park leerte. Dabei wurde er begleitet vom Knirschen des Kieses, vom durch die Beisskörbe verzerrten Bellen der Hunde, vom Hämmern und Kratzen der Bagger- und Traxschaufeln am Horizont, vom metallenen Dröhnen ferner Flugzeuge, vom leisen Geräusch der Strassenbahn und wieder vom Krächzen der Krähen, die ihn vielleicht verspotteten. So kam es ihm jedenfalls vor.

Joseph Birnbaum war innerlich immer noch im freien Fall, bis er dumpf aufschlug. Wieder erfasste ihn die Einsamkeit, diese tiefe Traurigkeit. Die Grenzlinie zwischen Erinnerung und Wirklichkeit vermischte sich für ihn während dieser unruhigen Tage in Wien einmal mehr. Wieder spürte er den zunehmenden Druck in seinem Herzen, der von der aufgestauten Müdigkeit herrührte. Heute wie damals nach dem Treffen mit Patrizia war sein Herz wie das einer erschrockenen Katze, die mit furchtsamen und ungläubigen Augen aus der Dunkelheit einer engen Nische blickt, nie sicher sein kann, ob nicht im nächsten Augenblick wieder etwas Schreckliches geschehen werde.

Der Nebel hatte sich etwas gelichtet, doch es war noch keine Sonnenscheibe zu erblicken. Birnbaum schreckte auf. Ein Polizeifahrzeug fuhr langsam das von den Kieswegen gebildete Rechteck im Park ab. Er spürte den kalten Schweiss auf seiner Haut. Er befürchtete, dass sie ihn nun doch für den Mörder hielten, ihn beobachteten, um ihn in einem günstigen Augenblick festzunehmen. Nur nicht wegrennen, dachte er geistesgegenwärtig. Dann ist für die der Fall klar. Unendlich langsam fuhren sie auf ihn zu. Er überlegte, ob er sich freiwillig festnehmen lassen sollte, ob er alles gestehen sollte, nur damit er endlich Ruhe hätte. Immer näher kamen sie, und genau auf seiner Höhe hielten sie an. Er nickte ihnen zu, und der Fahrer grüsste zurück. Nach einer langen Weile fuhren sie weiter. Birnbaum atmete auf. Das Rechteck des Kieswegs sah er nun plötzlich als abstrakte Form. Ein Spielfeld für Erwachsene. Ein Wiener Monopoly vielleicht. Hier in einer Bar ein Glas Wein trinken, dort in einem Hinterhof jemanden umbringen, hier in einem Hotelzimmer eine Liebesnacht und dort bei dem Grab einen Rosenstrauss niederlegen. Dann wieder eine Sitzbank für die Erinnerung und eine für die Verzweiflung.

Birnbaum hörte Stimmen. Ganz hinten im Park wohnten die Wiener Sängerknaben. Beinahe lautlos fuhren von dort zwei kleine, mit Jungbäumen beladene Gartenbaufahrzeuge auf Birnbaum zu. Beim Rondell hielten sie an. Vier Gartenbauarbeiter in Dunkelgrün entstiegen den Fahrzeugen, so wie es aussah, für einen einmaligen Einsatz zum Bepflanzen des Rondells. Sie redeten, besprachen die Situation, bewegten sich dabei kaum, als wären sie vier Brunnenfiguren, griechische Götter. Einzelne Wortfetzen dieses griechischen Chors drangen an Birnbaums Ohr. Schliesslich luden sie die vier Bäumchen von den Fahrzeugen, stellten sie exakt so auf, wie sie gepflanzt werden sollten. Es waren Sternmagnolien, die im Frühjahr mit ihren sternförmigen, weissen Blüten und ihrem Duft ein jedes Herz zu betören vermögen. Birnbaum liebte Bäume, weil sie für ihn Persönlichkeiten waren. Bei jeder Geburt hatten seine Eltern im grossen Garten hinter dem Haus zuerst ein Loch geschaufelt, die Plazenta hineingegeben und dann den jungen Baum gepflanzt. Eine Eiche für den Ältesten, für seine grössere Schwester einen Walnussbaum und für ihn eine Linde. Die Bäume waren nun schon sehr gross. Birnbaum sah seinen Lindenbaum und hörte das enorme Bienengesumm. Er schloss die Augen, doch da waren wieder diese ekligen, schleimigen Viecher von letzter Nacht.

Ein kleiner Hund, ein weisser Westie, kläffte den Boccia-Spieler an. Sein Besitzer, ein älterer Herr mit schwarzem Hut und schwarzem Mantel, der eben noch den von Einschusslöchern übersäten Flakturm hochgeschaut hatte, rief ihn zurück und kam nun durch das Rosskastanienlaub watend auf die vier Gärtner zu.

»Ich komme aus der Wachau und bin neu in dieser Stadt.«

»Und da wollen Sie gleich den Flakturm sprengen? Das ist nicht so einfach, guter Mann. Wenn wir den sprengen, fliegt hier das halbe Quartier in die Luft. In Deutschland haben sie diese Dinger mit Diamantfäden zersägt und alles, was noch übrig blieb, einfach mit Erde überdeckt. Aber wissen Sie was: Hier wird genug unter die Decke gekehrt, da kann ein Stück sichtbare Vergangenheit nicht schaden. Finden Sie nicht auch?«

Der Mann nickte, murmelte etwas, rief seinem Hund und trottete weiter.

Oft war Birnbaum am Sonntagmorgen mit seiner Tochter Samantha auf dem Fahrrad durch die wallenden Nebel dem Neusiedlersee entlang gefahren. Manchmal sogar rüber bis nach Jois. Und manchmal hoch nach Donnerskirchen am Abhang des Leitha-Gebirges. Wenn es ihnen darum war, fuhren sie zum Schloss Esterházy und dann hoch Richtung Sonnenberg, wo sie ihre Heimat überblicken konnten. Sie genoss das, und sie plauderten dabei über das Leben, die Schule, die Nachbarn, ihre Hoffnungen und Träume und über den Tod. Manchmal wunderte sich Birnbaum, dass er mit seiner Tochter so offen über das alles sprechen konnte, und er glaubte, es war dieses Fahren, das ihnen diese Offenheit erlaubte. Ihre Bewegung in dieser wunderbaren Landschaft rund um den See war gleichsam eine geistige Bewegung, ein gegenseitiges, aber vor allem ein auf sich selber bezogenes Erforschen von Gefühlen und Empfindungen.

»Haben Reisende leuchtende Augen?« Das hatte sie ihn auf einer dieser Ausfahrten gefragt, und tatsächlich konnte er sich an einen Schulfreund erinnern, den er nach jahrzehntelangem Reisen wieder getroffen hatte und der so übervoll mit Geschichten war, dass es ihm schwerfiel, überhaupt etwas zu erzählen. Aber in seinen Augen war genau dieses Leuchten.

Birnbaum hörte ein paar Krähen und zuckte zusammen. Er schaute hoch zum Himmel. Er sah, dass es sich nicht, wie er in der Innenstadt hätte meinen können, um einförmigen Nebel handelte, denn jetzt, wo die Sonnenscheibe sichtbar wurde, sah er die sich langsam verschiebenden, tiefhängenden Wolken. Es wurde ihm aber auch bewusst, dass er nun wohl schon mehr als eine Stunde in diesem Park verbracht hatte. Eine grosse Müdigkeit erfüllte ihn. Nur noch etwas ausruhen auf dieser Bank, nur einen Augenblick, dachte er. Am Himmel sah er einen Vogelschwarm. Seine Atmung wurde immer ruhiger. Er war jetzt sehr müde und schlief ein.

Mitten im Flug, unter ihm lag sein Heimatdorf, vor ihm der Neusiedlersee, aufgespannt wie eine blaue Plane. Er genoss es, so zu schweben, wobei er nur selten die Flügel schlagen musste. Er sah all die Weingüter, die Wälder, den glitzernden See. Was für eine herrliche Thermik, dachte er. Plötzlich pochte sein kleines Vogelherz, er spürte, wie sich seine Krallen leicht bewegten, und noch ehe er es sich versah, war er im Sturzflug. Schon hatte er die Maus in seinen scharfen Krallen und zupfte mit seinem gelben Schnabel das Fleisch aus dem kleinen Körper. Das Blut war warm. Er hörte ein Geräusch und schaute auf. Kaum zwanzig Meter entfernt sah er eine Gruppe von Jugendlichen, zwei schienen sich zu paaren, wobei er als Raubvogel eine Uneinigkeit spürte, es deuchte ihn, das Weibchen wehre sich gegen das aufdringliche Männchen. Einer der Gruppe, ein junger Bursche, schaute wie gebannt auf ihn, als ob er nie zuvor das schön gezeichnete Gefieder eines Rotmilans gesehen habe. Nun schaute er, den Schnabel bluttriefend, den Jungen an und hörte die unterdrückten Schreie des Mädchens. Doch der Junge drehte sich nicht nach den andern um, er schaute wie hypnotisiert auf ihn, diesen wunderbaren Raubvogel.

Mit einem Schlag war Birnbaum hellwach. Benommen schaute er ins Leere. Die Vergangenheit liess ihm auch hier keine Ruhe. Keine Verschnaufpause war ihm gegönnt. Ohne dass er gewusst hätte, was er tat, ging er zurück in die Innenstadt und hielt auf dem Michaelerplatz vor der Hofburg inne. In einer halben Stunde würde die Morgenarbeit mit den Lipizzanerpferden beginnen. Dazu hatte ihm Juditta doch geraten.

»Das macht dann fünf Euro«, sagte eine sehr gepflegte ältere Dame mit klaren Augen und einem dunkeloliven Umhang zu ihm.

»Was?«

»Sie gehören doch auch zu dieser Gruppe, gewiss doch, das seh ich Ihnen an. Die Erotikgeschichte dieser Stadt, die sich durch ihre Doppelmoral auszeichnet, da können Sie doch nicht Nein sagen.«

»Aber die Lipizzaner.«

»Da haben Sie noch Zeit. Die Führung hier ist vollkommen seriös, wenn Ihnen das Thema auch etwas anrüchig vorkommen mag. Ich bin pensionierte Lehrerin und biete diese Führungen an, da ich ohne diesen Zustupf kein anständiges Leben führen könnte.«

Joseph Birnbaum schaute sich um. Er war in eine Gruppe von durchaus als normal zu bezeichnenden Menschen geraten, teilweise waren es jüngere oder ältere Paare, auch Einzelpersonen. Eine gewisse Gelöstheit war zu spüren, und im Zusammenhang mit dem Thema der Führung konnte er in dem einen oder anderen Gesicht ein Schmunzeln entdecken. Was hätte er da tun sollen?

»In die Michaelerkirche in Ihrem Rücken, welche einst die Kirche der Hofburg war, pflegten früher die jungen Damen zu gehen«, begann die Führerin ihre Rede. »Gewisse unter ihnen wollten mit gewissen Herren oder auch umgekehrt ein Treffen arrangieren. Das war eine delikate Sache und darum mit Augenkontakt vorzubereiten. Treffen konnte man sich dann später und ganz diskret ausserhalb der Kirche. Das Weitere ergab sich von alleine. Weil nun aber gewisse Paare selbst in den Beichtstühlen beim emsigen Treiben erwischt worden waren, sah man sich gezwungen, die Kirche nur während der Messe offen zu halten. Wenn Sie mir bitte folgen wollen.«

Jetzt drückte die Sonne durch und erhellte den Platz, den sie in Richtung einer Seitengasse verliessen, und Birnbaum wurde es vorübergehend etwas leichter um sein Herz.

»Bei diesem Ablassschrein hier kniete fortan ein schönes junges Mädchen, verständigte sich mit dem potentiellen Freier mittels Augenkontakt, dieser ging ein paar Schritte weiter, das Mädchen folgte ihm, schob ihm einen Zettel mit einer Adresse in die Rocktasche und ging wieder zurück zum Gebet. Der Herr ging schnellstens zu der entsprechenden Adresse und war vermutlich etwas enttäuscht, weil dort nicht sie, sondern mehrere im entsprechenden Gewerbe sich besser auskennende, also reifere Liebesdienerinnen auf ihn warteten.«

Einmal, die Trennung von seiner Frau lag schon ein halbes Jahr zurück, war Birnbaum zu einer Prostituierten gegangen. Doch das Kondom platzte. Nicht, dass er Angst gehabt hätte, sie könnte von ihm ein Kind bekommen. Vor Aids hatte er Angst. Natürlich hätte er einen Test machen können, stattdessen quälte er sich etwa drei Monate lang, dann ging er endlich. Negativ. Er atmete auf, fühlte sich frei und erleichtert. Doch dann rückte wieder die Trennung von seiner Frau in den Vordergrund; seine Tochter, die er nicht mehr täglich sehen konnte. Und er fragte sich manchmal, ob er nicht besser an Aids gestorben wäre, als so zu leben. Oder ob er nicht von einem Turm springen sollte.

Vor der Michaelerkirche konnte Birnbaum unter kundigster Führung die römischen Ausgrabungen betrachten, wo die Überreste der Kammern zu sehen waren, in welchen es die Dirnen mit den Römern zu treiben pflegten. Da der römische Kaiser für solche Geschäfte nicht mehr sein Bild, auch nicht auf Münzen, sehen wollte, stanzte man spezielle Bordellmünzen, die man im Vorverkauf erwerben konnte, was vielleicht den Anfang des Bankenwesens markierte. Auf jede Münze war klar und deutlich die Liebesposition geprägt, die es für eben diese Münze gab, im Winter sogar in beheizten Kammern.

Als die Führerin etwas zu der spanischen Hofreitschule sagte, erinnerte sich Birnbaum wieder, verabschiedete sich augenblicklich, löste ein Ticket, ging die Treppe hoch und der unteren Galerie entlang, bis er schliesslich noch einen freien Platz auf einem der fest installierten Klappstühle fand. Die Morgenarbeit der jungen Lipizzanerpferde hatte bereits um 10 Uhr begonnen, er hatte sich etwas verspätet. Im Moment übten sie zu Musik von Mozart. Ausnahmsweise, vielleicht nur weil Birnbaum die weissen Hengste unbedingt heute sehen wollte, dachte er, fand die Morgenarbeit an einem Montag statt. Acht junge, dunkel oder schon hellgrau gesprenkelte Hengste, die später einmal ganz weiss sein würden, von jungen Burschen in weissen Lederhosen geritten, bewegten sich nach den Anweisungen eines Trainers, der in der Mitte des Raumes bei den zwei Pilaren mit den aufgesteckten Österreich-Fahnen stand. Die Pferde schwitzten, und ihre blendend hellen Speichelfetzen fielen ab und zu auf den dunkelbraunen Torfboden, als wäre auch hier drin die Farbkombination weiss-braun wie beim Kaffee Melange das oberste Gebot.

»Aufheben«, rief ein Reiter mit trockener Stimme dem Stalldiener und Türöffner kurz und prägnant zu. Dieser kam und schippte die Rosshaufen in eine vom Stil rechtwinklig abgehende Schaufel.

Der Raum wurde von drei grossen Lüstern erleuchtet, doch um 11 Uhr gingen auch die kleinen, grünen, in die Stukkaturdecke eingelassenen Lichter sowie die elektrifizierten Dreifachkerzen zwischen all den hohen Fenstern an. Hätte da ein wirkliches Orchester gespielt, man hätte gleich mit Walzertanzen beginnen wollen. Doch auch die Musik, die aus den diskret installierten Kleinlautsprechern erklang, brachte die Zuschauer in eine nicht unerhebliche Walzerstimmung. Alle halbe Stunde stellten sich die Reiter mit ihren Pferden in dem vorderen rechten Teil der Halle auf, stiegen von den Hengsten und übergaben sie den Pferdepflegern, die alle eine Kappe trugen. Normalerweise führten sie die Pferde hintereinander gehend zur Türe hinaus, quer über die Reitschulgasse in die Stallburg, während bereits die ersten Junghengste der folgenden Gruppe hereintrabten. Jetzt aber mussten sie, weil sich die Stallburg in Renovation befand, mit einem grossen, beheizten Zelt auf dem Josefsplatz vorlieb nehmen.

Ein Wiehern hallte durch die Weite des Barocksaals. Vielleicht waren sie mit dem Zelt nicht zufrieden und hatten sich letzte Nacht etwas erkältet. Der Saal war jetzt von einer festlichen, einer geradezu kaiserlichen Stimmung erfüllt, welche durch den dunkelrot livrierten Mann, der darauf aufmerksam machte, dass Fotografieren hier verboten ist, keine Einbusse erlitt. Im Gegenteil. Offensichtlich suchten die Menschen dieses höfische, dieses kaiserliche Gefühl. Einmal in einem festlichen Ballsaal sitzen, wo Männer junge Hengste nach ihrem Willen zu lenken verstanden, so dass sie sich graziös bewegten, war das nicht Geschichte hautnah? Musste man danach nicht unbedingt die kaiserlichen Gemächer betreten? Wollte man da nicht sogleich in den Audienzraum des Kaisers, um ihn um etwas zu bitten? Wollte man nicht sein Arbeitszimmer, seine Briefe, sein karges Eisenbett, seinen Rauchsalon, ja selbst seine Zigarren sehen? Und wollte man dann nicht noch weiter bis in die Gemächer von Elisabeth, wozu man aber zuerst den hinter einem Vorhang versteckten Klingelknopf zu drücken hatte? Natürlich musste man nun Elisabeths Turnzimmer sehen, die Turnringe, ihren mit drei Öfen beheizten Salon, und schliesslich ihre Pioniertat in der Hofburg bewundern, nämlich ihr Badezimmer mit kaltem und warmem Wasser aus dem Hahn. Und wollte man da nicht voller Entzücken »Sissi« rufen?

Aber hatte man schon genug? Nein, man wollte auch die mit versilberten Kupfertellern gedeckte Tafel mit dem nur rechts platzierten und umgedrehten Besteck sehen, auf dem das kaiserliche Wappen sichtbar wurde. Wollte man sich da nicht selbst an die gedeckte Tafel setzen, sich die Speisen servieren, den Wein einschenken lassen, auch wenn man für die neun bis dreizehn Gänge nicht mehr als eine dreiviertel Stunde Zeit hatte? Man wusste, der Kaiser musste wieder arbeiten. Wenn er sein Besteck niederlegte, hatten alle das Besteck niederzulegen. Und würde es einen da stören, dass man nicht mit seinem Gegenüber, sondern nur mit den zwei Damen links und rechts, wenn man ein Herr war, oder mit den zwei Herren links und rechts, wenn man eine Dame war, leise sprechen durfte? Nein, man würde frohlocken. Man wäre dabei.

Ein Gong ertönte: »Im Namen der Spanischen Hofreitschule begrüssen wir sie zur Morgenarbeit auf den weissen Junghengsten in der schönsten Reithalle der Welt. Begleitet wird sie mit Musik von Beethoven, Mozart, Strauss und Lanner. Diese Melodien sind auch auf der CD ›Morgenarbeit mit Musik‹ an der Kasse erhältlich. Da die Pferde durch das Fotografieren gestört werden könnten, bitten wir Sie, dies zu unterlassen.«

Dasselbe hörte Birnbaum dann der Reihe nach noch in Englisch, Italienisch, Spanisch, Japanisch und Französisch, wobei er sich wunderte, wieso das Französische am Ende kam. Vielleicht wegen der schlechten Erinnerungen an Napoleon, der vor seinem Abzug aus der Stadt ein Stück der Stadtmauer hatte schleifen lassen.

Birnbaum beugte sich etwas vor, um auch die Reiter direkt unter sich sehen zu können, verlor aber plötzlich das Gleichgewicht und wäre trotz der Abschrankung unaufhaltsam in die Tiefe gestürzt, hätte ihn nicht ein dicker, englischsprechender Herr, der eben noch Pralinen gegessen hatte, zurückgehalten, worauf sich Birnbaum bei diesem derart heftig bedankte, dass wiederum dieser sein Gleichgewicht verlor und ins Fallen geriet – eine Bewegung, die Birnbaum nur mit dem Einsatz seiner ganzen Kraft aufzuhalten im Stande war. Doch schliesslich fielen sie beide aneinander geklammert wie zwei Walzer tanzende Kosmonauten in die Tiefe und klatschten unten auf dem weichen Boden auf. Wie durch ein Wunder erlitten die beiden keine schweren Verletzungen. Allein, es war sehr peinlich, unter diesen Umständen vor den Augen aller die Halle zu verlassen. Der feinfühlige Tierarzt untersuchte sie anschliessend in einem Nebenraum.

»Das viele Fett hat Sie vor Schlimmerem bewahrt«, sagte er ohne grosse Anteilnahme zu dem einen. »Einzig den Fuss haben Sie sich etwas verstaucht. Es kommt gleich ein Ambulanzfahrzeug, das bringt Sie rauf ins Allgemeine Krankenhaus zum Röntgen.«

»Und Ihnen«, dabei machte er sich an Birnbaum zu schaffen, »verpasse ich einen Verband für den Arm. So, das hält. Und den Kratzer im Gesicht desinfiziere ich, das soll ja kein Spielplatz für böse Käfer werden. Sie müssen jetzt etwas tapfer sein, es gibt gleich ein paar Nadelstiche. So, fertig. Die können Sie in zwei Wochen bei irgendeinem Arzt rausnehmen lassen. Trotzdem werden Sie wohl als Erinnerung eine kleine Narbe behalten. Aber Sie wissen ja, Sie hätten ebensogut tot sein können.«

7. Tag

»Vorangehen musste eine längere Periode mit strengem Frost, so dass vor allem in den gestauten Bereichen überhaupt eine geschlossene Eisdecke entstehen konnte. Das Tauwetter im Frühling führte dann bei steigendem Wasserspiegel zum Aufbrechen der Eisdecke. Die grossen Eisschollen trieben die Donau hinab, bis sie sich irgendwo verkeilten. Ich habe die so entstandene Eisbarriere als erster entdeckt«, berichtete der Vater von Joseph, hielt kurz inne, zog an seiner Pfeife, um dann weiter zu erzählen.

»Das war für uns ein toller Spielplatz. Zuerst ging mein Bruder Franz aufs Eis. Er rutschte die Platten hinunter, kletterte wieder rauf und rief mir zu, ich solle auch kommen. Ich zögerte. Doch als ich eben das Eis betreten wollte, begannen die Schollen zu stöhnen und zu ächzen. Erschrocken wich ich zurück. Zwei halb aufgestellte Platten schoben sich unter grausigem Knirschen langsam zusammen. Ich sah die Platten kommen, wollte Franz warnen, doch ich war heiser, meine Stimme kaum hörbar, so dass er es erst spät bemerkte. Er wollte zu mir ans Ufer, doch offensichtlich hatte sich sein Fuss im Eis verklemmt.

›Komm schnell‹, rief ich ihm mit heiserer Stimme zu, doch er kam nicht los. Er drohte von den zwei grossen Platten zerdrückt zu werden. Da zögerte ich nicht mehr und betrat das Eis. Doch kaum hatte ich es betreten, bewegte sich alles wie bei einem Erdbeben. Ich konnte mich im letzten Moment mit einem Sprung ans Ufer retten. Noch sehe ich die flehenden Augen meines Bruders, doch mit einem Knall brach die ganze Barriere los und zog meinen Bruder in die Tiefe. Etwas weiter unten an einer Brücke verkeilten sich die Eisplatten wieder unter gespenstischem Knirschen, Splittern und Stöhnen. Dieses Geräusch beim Aufstauen ging mir durch Mark und Bein. Die Brücke hielt dem gewaltigen Druck aber nicht lange stand und barst. Die ganze Masse hatte nun wieder freie Bahn, und die messerscharfen Eisschollen rasierten die Baume am Ufer weg wie Zündhölzer. Ein Sirren wie von einer übergrossen Sense. Ich höre es heute noch oft, vor allem im Winter, wie eine schrecklich traurige innere Musik. Und wenn ich im Winter durch die Rebberge gehe, um zu schauen, wie es meinen Weinstöcken geht, und Richtung Neusiedlersee schaue, dann ist es Zeit, dass ich euch diese Geschichte erzähle. Meinen Bruder fanden sie, wie ihr wisst, erst eine Woche später donauabwärts an einer seichten Stelle.«

Joseph sah seinen Vater, wie er sich nach dem Essen den kurzgeschnittenen, grauweissen Bart mit seinen aufgerauten Händen kraulte. Mutter sagte, sie müsse nun abräumen und Vater solle den Kindern nicht immer diese schauerliche Geschichte erzählen. Sein Vater aber fuhr Joseph mit der Hand durchs Haar, vielleicht weil er wusste, dass sie sich in der Familie am ähnlichsten waren, und sagte, diese Geschichte solle ihm eine Lehre sein. Das Betreten der Eisschollen sei lebensgefährlich.

Es war Dienstagmorgen. Joseph Birnbaums letzter Tag in Wien. Er trat zum Fenster seines Hotelzimmers, als entkomme er so seinen Erinnerungen, öffnete es und sah die rosafarbenen Wolken wie eine himmlische Schafherde. Sein linker Arm schmerzte vom gestrigen Fall, und in seinem Gesicht hatte er eine Schramme. Zudem war er noch etwas verkatert vom Vorabend. Er konnte sich nicht mehr an alles erinnern. Am Nachmittag hatte er sich im Hotel etwas hingelegt. Daraufhin war er ohne Ziel durch die Altstadt gegangen. Eine Melancholie hatte ihn erfasst, weil dies sein letzter Abend war. Er war allein, hatte deswegen im »Schwarzen Kameel« ein Glas Zweigelt getrunken, diesen blumigen Wein aus dem Burgenland, der ihn an seine Jugend erinnerte, an seinen Vater, das Weingut, die Zeit, als ihm noch alles möglich schien. Er trank ein zweites Glas und dann noch ein drittes.

Alexandra hatte er zufälligerweise getroffen, als er den Graben Richtung Stephansdom weiterging.

»Sind Sie nicht der Pechvogel vom Museum?« hatte sie ihn angesprochen.

»Ja, wie man's nimmt.«

Sie hatte ihn dann mitgenommen. Alles war ganz natürlich. Sie sprachen miteinander wie alte Bekannte. Birnbaum wunderte sich, was er ihr alles freimütig erzählte. Irgendwie hatte er Vertrauen zu dieser Alexandra, die ebenfalls im Café des Naturhistorischen Museums arbeitete. Besonders aufgefallen war sie ihm dort aber nie. Bei der alten Hawelka assen sie dann diese Buchteln und tranken Bier, obwohl sie im Zigarettenqualm beinahe erstickten.

»Das ist das echte Wien«, hatte sie ihm zugezwinkert.

Offensichtlich waren hier alle Spezialisten für das echte Wien, dachte er.

Gegen Mitternacht traten sie auf die Gasse hinaus, und obschon erst Oktober, hatte es zu schneien begonnen. Der hauchzarte Schnee sammelte sich allmählich auf der Strasse und dem Gehsteig. Ein sanfter Wind trieb die tanzenden Schneeflocken vor ihnen her. Alexandra hatte kurzgeschnittenes, blondes Haar, doch jetzt trug sie eine blaue Wollmütze mit einem kleinen Bommel, und ihre Wangen glühten.

»Es schneit! Es schneit!« schienen selbst ihre Augen voller Freude zu rufen. Dabei stiess sie eine weisse Atemwolke nach der andern aus.

Wo sie anschliessend überall gewesen waren und was sie alles getrunken hatten, daran konnte er sich nur noch bruchstückhaft erinnern. Er begleitete sie bis zur Haustüre. Zum Abschied gab's dann noch einen dicken Kuss auf die Wange.

»Das war kein schlechter Abschlussabend«, sagte er vor sich hin und streckte sich. »Heute ist aber schon Dienstag, mein letzter Tag in Wien, und ich fühle mich, Schramme hin oder her, besser als die Tage zuvor«, sprach er weiter, als wäre da noch wer im Zimmer. Doch er war allein. Er schloss das Fenster. Sein Arm schmerzte. Aber was wollte er eigentlich mit dieser Alexandra? Er wollte doch Juditta. Um jeden Preis wollte er diese Frau. Nun lief es ihm plötzlich kalt den Rücken hinunter. Hoffentlich erzählte Alexandra, die ja ebenfalls im Naturhistorischen Museum als Kellnerin arbeitete, Juditta keine wilden Geschichten. Juditta wäre wohl alles andere als begeistert, und er könnte seine Heiratspläne begraben.

Es war wieder wärmer geworden, und es sah nach Regen aus. Vielleicht käme auch die Sonne durch. Joseph Birnbaum machte dreissig Kniebeugen (und dann nochmals dreissig). Er schwitzte. So hoffte er, wieder etwas Ordnung in seinen Tagesablauf zu bringen. Er ging duschen. Doch dieses Badezimmer in Wien konnte es in Bezug auf Reinlichkeit nicht mit seinem zu Hause aufnehmen. Die Fugen zwischen den weissen Fliesen reinigte er dort regelmässig mit einer alten Zahnbürste und Putzmittel, bis sie weiss strahlten. Die Toilette war immer blitzblank und duftete angenehm frisch nach Limetten. Die Badewanne sah immer so aus, als ob sie neu wäre.

Auch auf Spiegel und Waschbecken konnte sich kein Fleck lange halten. Und die Handtücher waren immer perfekt gestapelt und gefaltet. Der Zwang, zuerst den Zucker in den Kaffee zu geben und dann die Sahne, zuerst die Gläser abzuräumen und dann erst das Besteck, zuerst das Fleisch und dann das Gemüse, zuerst die Mappe auf den Tisch und erst dann den Mantel, zuerst immer zwei Stufen und erst dann eine. Erst in dieser Nacht wurde es Birnbaum bewusst, dass er sich, wollte er Juditta ehelichen, in gewissen Punkten ändern und einige seiner Zwänge ablegen musste, aber das käme mit einer solch wunderbaren Person sicherlich wie von selbst. Zuerst abschliessen, dann nochmals zurück, nochmals kontrollieren. Beim dritten Mal eine Bewegung oder ein Wort, das ihm im Nachhinein versicherte, dass die Türe wirklich verschlossen war. Dann doch noch mal zurück. Das Schloss kontrollieren, nochmals aufschliessen, dann abschliessen. Dann endlich Schluss.

Am Frühstückstisch im Hotel sass eine Frau, eine dicke Amerikanerin mit rosarot geschminkten Lippen, die sehr schütteres Haar hatte und an einem Arm anstelle der Hand einen Stumpf, den sie geschickt benutzte, um ihr Brötchen zu halten. Sie lachte öfters hell auf, während sie mit ihrer Freundin sprach. Birnbaum musste immer wieder auf diesen Stummel schauen.

»Das sieht im ersten Augenblick abschreckend aus, doch für die betreffende Person ist das Gewohnheit, Alltag, Routine«, sagte sie unvermittelt in gebrochenem Deutsch zu Birnbaum.

Er nickte ihr zu. Diese Frau verstand es, mit ihrer Behinderung zu leben, dachte er. Was nützt es, wenn man äusserlich unversehrt ist, aber niemand einem ansieht, dass man andere quält oder Selbstmord begehen will.

Oder wer sähe ihm an, dass er in diese Mordgeschichte verwickelt war, dachte er weiter, schaute dabei zu, wie die Frau ihre Brötchen ass. Er lächelte ihr jetzt sogar zu. Und wäre es nicht besser, man sähe auch Mördern, Vergewaltigern, Amokläufern, aber auch Selbstmordgefährdeten an, was sie im Schilde führen? Wenn die Menschen wenigstens ein rotes Licht oder sowas auf der Stirn hätten, so dass alle um die Gefahr wüssten.

Birnbaum verliess das Hotel, ging die Fillgrader Stiege hinunter, durch die Grubengasse, bog in die Linke Wienzeile ein, wo er durch die Fenster des Café Drechsler diesen unglaublichen Spiegel sah, in dem sich die Tische, die Lampen und die Frauen viel deutlicher und in den Farben satter spiegelten, als sie es in Wirklichkeit waren. Er kaufte sich an einem Marktstand ein paar Äpfel, hauchte in die kalte Morgenluft, blinzelte der Sonne entgegen, sah die Bäume mit ihrem Hauch von Schnee, der bald wegschmelzen würde. Er bog in die Nibelungengasse ein und ging in Richtung des Naturhistorischen Museums.

Er hätte etwas tun sollen, um seine Gedanken zu ordnen, doch er schaffte es einfach nicht. Etwas schien unaufhörlich in sein Herz zu sickern, das schwächte ihn, und zugleich sagte ihm sein Gefühl, dass da etwas war, auch wenn er es noch nicht wirklich sehen oder begreifen konnte. Es war das tiefe Schwarz mit den Lichtreflexen im menschlichen Auge, der regennasse Asphalt, der dunkelgrüne Samt eines Sofas, es war die blendende Sonne am blauen Himmel, der Duft von Juditta, begleitet von einem Kribbeln in der Magengegend, das in ihm hochfuhr bis zur Kehle, dazu das Pochen seines Herzens. Das alles berührte ihn seltsam, das waren Zeichen, die ihn immer weiter zu diesem Geheimnis führten, das zu einem grossen Teil in ihm selber verborgen lag. Das spürte er.

Die Wolken zogen schnell. Der erste Weissstorch hatte den Nationalpark Neusiedler See-Seewinkel in diesem Jahr von Süden her kommend Mitte März erreicht. Manchmal kamen sie auch erst im April zum Brüten aus ihren Winterquartieren im südlichen Afrika zurück. Nicht viel später tauchten die gelben Adonisröschen und die dunkelvioletten Küchenschellen auf. Fuhr er dann mit dem Fahrrad in Richtung Leithagebirge, empfingen ihn die blühenden Kirschbäume. Die ansteigende Landschaft mit diesen weiss blühenden Bäumen hatte dann etwas Winterliches, gerade so, als ob Schnee auf die Bäume gefallen wäre. Irgendwie erschien ihm das etwas unwirklich. Von dort oben blickte er gerne in die Weite der ungarischen Tiefebene, die sich hinter dem See im Dunst verlor. Seit der Scheidung hatte er mehr Zeit für solche Dinge, wenn er sie auch gerne mit seiner Marianne und Samantha, seiner Tochter, geteilt hätte. Im Herbst, wenn die Tage kühler wurden, flogen die Störche wieder los. Mit ihren langen und breiten Flügeln sind sie ausgezeichnete Segelflieger, die weite Strecken gleitend zurücklegen können. Dafür braucht es allerdings Aufwinde, und die entstehen nur bei schönem Wetter. Weil über dem Mittelmeer, wie über allen grösseren Gewässern, auch bei Schönwetter keine Thermik entsteht, müssen die Vögel das Mittelmeer östlich umfliegen, um nach Afrika zu gelangen. Die »Weststörche« aus Frankreich, Deutschland und der Schweiz fliegen bei Gibraltar über das Mittelmeer, um in Westafrika vom Senegal bis zum Tschadsee den Winter zu verbringen. Die meisten bleiben allerdings in Spanien und Portugal, weil sie dort vor allem auf den Müllhalden einen reich gedeckten Tisch finden. Manche enden allerdings in den Pfannen der Einheimischen. Die »Oststörche«, und dazu gehören die vom Neusiedlersee, ziehen derweil über den Bosporus, das Jordantal und die Sinaihalbinsel nach Afrika. Birnbaums geliebte Vögel segelten in diesen Stunden über das Niltal. Kairo weit hinter sich, überflogen sie Luxor in Richtung Assuan. Die Luft war klar, der Himmel tiefblau, die Temperatur angenehm. Bald hätten sie den Sudan erreicht. Von dort aus flögen sie dann weiter in Richtung Ostafrika, und schliesslich kämen sie in Südafrika an, um dort den Winter zu verbringen.

Birnbaum ging die Aussentreppe hoch und stand unmittelbar vor dem Museum. Die Türe war verschlossen. Dienstag, wie hatte er das nur vergessen können? Unwillig wandte er sich um, schaute über den Platz und schickte sich an zu gehen. Unten angekommen, fing ihn Alexander Mendoz ab. Birnbaum hätte nicht hier sein sollen. Das spürte er augenblicklich. Er hätte Juditta suchen sollen. Er musste sichergehen, dass ihr Alexandra keine Fantasiegeschichten erzählte. Aber Juditta war nicht da, sie hatte heute natürlich frei.

»Diesmal entkommen Sie mir nicht«, hörte er Mendoz sagen und erschrak. Dieser fasste Birnbaum am Handgelenk, um ihn zu führen. Seine schlanken Finger waren erstaunlich stark. Was hätte er anderes tun sollen, als sich dem Strom der Ereignisse zu überlassen. Sie fuhren mit dem Lift ganz hinauf ins oberste Geschoss und durchschritten einen langen Korridor. Ein Regal war der linken Wand entlang aufgestellt, es war wohl fünf oder sechs Meter hoch und angefüllt mit menschlichen Schädeln. Jeder Platz war besetzt. Dieses Lager erinnerte Birnbaum an die Gebeinhäuser, in denen die Knochen der Toten von geräumten Friedhöfen aus Platzmangel aufbewahrt wurden, was in Bergregionen auch heute noch praktiziert wird. Es erinnerte ihn aber auch an die Katakomben, vor allem an die Domitilla-Katakomben vor den Stadttoren Roms, die er bei einer Studienreise der Universität besucht hatte. Er sah die Via Appia vor sich, die hoch aufragenden Zypressen und roch den Duft von überreifen Feigen und wild wuchernden Rosen.

»Wenn Sie aus dem Burgenland kommen, kennen Sie gewiss die Geschichte von Haydns Schädel?«

»Fangen Sie bitte damit nicht an.«

Mendoz nickte.

Im nächsten Raum, der etwas niedriger war, hatte es Holzgestelle, auf denen die weissen Schädelknochen von allen nur denkbaren Säugetieren lagerten. Es mochten an die Tausend sein. Pferd, Gorilla, Bär, Esel, Reh, Wolf, Dachs, bis runter zur Maus. Auch wenn Birnbaum mehr Freude an den lebenden Tieren hatte, so war er von dieser Skelettsammlung beeindruckt.

»Und unten im Keller zwischen den Bodenreinigungs-Maschinen lagern die Elefantenschädel«, sagte Mendoz, »hier oben hätten sie keinen Platz.«

»Zwischen Reinigungs-Maschinen?«

»Ja, gewiss doch, unser Hausmeister hat es durchgeboxt, dass er seinen Krempel dort einstellen darf. Schliesslich müssten die Maschinen auch irgendwo untergebracht werden. Und die Böden müssen sauber sein, da stimme ich mit ihm überein. Und trotzdem, eines Tages wird ihn die Evolution überflüssig machen.«

»Wie meinen Sie das?«

»Eines Tages wird der Beruf des Hausmeisters aussterben, weil ein Roboter seine Arbeit übernimmt.«

»Das glauben Sie wirklich?«

»Kein Zweifel. Die Evolution ist unbarmherzig. Was nicht mehr gebraucht wird, überlebt nicht.«

»Man könnte meinen, Sie hätten etwas gegen Hausmeister.«

»Ja, das mag schon sein. Ich trau ihnen nicht über den Weg. Ich glaube, die würden einen umbringen, nur um ihre Ordnung durchzuziehen.«

»Glauben Sie das wirklich?« hakte Birnbaum nach.

»Ich meine, wir müssen die Evolution so nehmen, wie sie ist. Man sollte die gewachsenen Ordnungen mit dem nötigen Respekt behandeln und sich immer bewusst sein, wie wenig wir doch wissen. Dabei müssten wir nur genauer hinschauen, dann würde uns einiges klarer werden. Und wir wüssten dann auch, was wir dürfen und was nicht. Nehmen wir diesen Mann mit dem Pfeil im Rücken. Meinen Sie, der sei unschuldig gewesen? Sicher nicht. Das können Sie mir glauben.«

Birnbaum wusste nicht, was er dazu sagen sollte.

»Der hatte, und darauf können Sie Gift nehmen, Schuld auf sich geladen, und nun hat er dafür seine Strafe erhalten.«

»Dann haben Sie ihn umgebracht?« rief Birnbaum entsetzt.

»Nein, wo denken Sie hin. Was ich über gewisse Menschen sage, mag hart klingen, aber deswegen bin ich noch lange kein Mörder. Mir ist lieber, jemand spricht von Mord und tut es nicht, als umgekehrt.«

»Aber Sie kennen den Mörder?«

Mendoz schaute etwas verlegen zum Fenster hinaus. Er schwieg.

»Sie kennen den Mörder!«

»Ja«, antwortete Mendoz trocken.

»Und wer ist es?«

»Wollen Sie es wirklich wissen?«

»Ja.«

»Auch wenn Sie möglicherweise dem Wahnsinn anheimfallen, wenn Sie es erfahren?«

»Unterschätzen Sie mich nicht. Wissen Sie, ich habe in diesen Tagen so viel durchgemacht, ich glaube kaum, dass mich der Name des Mörders noch mehr aus der Bahn werfen kann.«

»Sind Sie sicher?« fragte Mendoz nun eindringlichst.

»Ja, natürlich. Ich muss es wissen.«

Mendoz schaute wieder zum Fenster hinaus, als ob ihm die wenigen Wolken einen Rat geben könnten. Dann drehte er sich unvermittelt um.

»Sie waren es!«

Birnbaum war fassungslos. Stille.

»Sie allein! Ich habe Sie vom Nebensaal beobachtet.«

Birnbaum rang um Worte.

»Nein, das ist nicht möglich. Niemals könnte ich jemanden töten.«

»Sie müssen es wissen.«

»Und wenn, dann würde ich mich doch daran erinnern.«

»Offensichtlich haben Sie ab und zu einen Aussetzer, das hat mir auch Frau von Krems berichtet.«

»Was soll das nun wieder? Frau von Krems hat damit nichts zu tun. Ich habe keinen Mord begangen. Da hätte ich ja einen Pfeil mitbringen müssen. Das ist doch kein Aussetzer. Das hätte ich planen müssen.«

»Der Pfeil, ja doch. Den habe ich dort hingelegt.«

»Sie haben mir den Pfeil hingelegt, um mir im Nachhinein einen Mord anhängen zu können? Das darf doch wohl nicht wahr sein!«

»Nein, so einfach ist das nicht«, versuchte ihn Mendoz zu beruhigen. »Ich hatte vor zwei Wochen einen Anruf bekommen von einem Typen, der behauptete, er sei da oben gewesen, beim Hauslabjoch, und dort habe er im Gletschereis einen Pfeil vom Ötzi gefunden. Er könne ihn mir gegen eine gewisse Summe überlassen. Ich konnte das kaum glauben, doch meine Neugier war angestachelt. Also verabredeten wir uns für vergangenen Mittwoch in der Ötzi-Ausstellung. Kaum hatte die Schulklasse den Raum verlassen, trat ich ein. Der Mann wartete bereits. Er trug schwarze Handschuhe. Er zeigte mir ohne Umschweife den Pfeil, den er unter dem Mantel verborgen hatte. Ich zog meine weissen Restauratorenhandschuhe an, behändigte ihn, und er schien auf den ersten Blick tatsächlich alt zu sein. Aber wie alt er war und ob er wirklich von Hauslabjoch kam? Ohne eingehende Untersuchung konnte ich natürlich nichts Genaues sagen. Der Mann verlangte aber sofort das Geld, sonst böte er den Pfeil jemand anderem an. Nun, die Summe war das Risiko wert. Ich bezahlte, und weg war er. Ich schaute mir den Pfeil nochmals an, als ich Kratzgeräusche hörte.«

»Und dann betrat ich den Raum?«

»Wohl erst ein paar Augenblicke später. Ich hörte eben diese Kratzgeräusche. Ich vermutete, dass sich wieder jemand an der Vitrine der Venus von Willendorf zu schaffen machte, wie ein paar Tage zuvor. Ich versteckte den Pfeil hinter einer Ausstellungswand, ging schnell die zwei Räume weiter bis zur Venus von Willendorf, doch als ich dort ankam, war alles ruhig. Ich kam also wieder zurück, und mir stockte der Atem. Ich sah, wie Sie eben den Pfeil mit Hilfe der gespannten Sehne abschossen. Das Zischen ging mir durch Mark und Bein, und ich fühlte mich zurückversetzt in Ötzis Zeit. Erst als ich ganz in den Türrahmen trat, sah ich den Getroffenen sich umdrehen, auf Sie zutorkeln und mit Ihnen zu Boden fallen. Ich war sprachlos.«

»Und wieso haben Sie dann nicht eingegriffen, wenn sie schon behaupten, alles beobachtet zu haben?«

»Zuerst konnte ich mich nicht von der Stelle rühren, und als Sie bereits am Boden lagen, wollte ich nicht mehr eingreifen.«

»Sie wollten nicht mehr eingreifen?« fragte Birnbaum ungläubig.

»Ich gebe zu, der Mann war mir nicht gänzlich unbekannt. Er hatte in seinem Leben mehr als einen Menschen umgebracht, ohne dass es zu einem rechtskräftigen Urteil gekommen wäre. Er hat es also mehr als verdient, da wollte ich dem Schicksal seinen Lauf lassen.«

»Aber wieso sollte ausgerechnet ich jemanden umbringen?«

»Das weiss ich auch nicht. Vielleicht war es ja nur ein Versehen. Aus reiner Neugierde schauten Sie hinter die Stellwand, fanden den echten Pfeil, den ich kurz zuvor abgelegt hatte, Sie spannten die Sehne, der Mann lief unglücklicherweise in Ihre Schussbahn…«

»Und ich schiesse. Dass ich nicht lache. Daran würde ich mich doch sicherlich erinnern, nicht wahr?«

»Offensichtlich nicht.«

»So war es aber nicht. Da muss ein anderer geschossen haben. Vielleicht ein Mann, der mir ähnlich sieht und der auch gleich einen eigenen Bogen dabei hatte. Vielleicht liegt es ja an Ihren Augen. Sie sollten vielleicht wieder mal zur Kontrolle.«

»Ich muss Sie schon bitten. Auf meine Augen ist Verlass. Mir entgeht nichts«, herrschte ihn Mendoz an.

»Schon gut. Aber Sie haben doch gesagt, die Polizei hätte den Mörder gefasst, weil seine Fingerabdrücke auf dem Pfeil waren.«

»Ganz richtig, da waren nur seine Fingerabdrücke und die Ihren drauf. Wie ich gehört habe, hat die Polizei den Mann bereits am Tag nach dem Mord erwischt. Gemäss dem Zeugenprotokoll soll der Mann das Museum zur fraglichen Zeit betreten und kurze Zeit später überstürzt verlassen haben. Zudem gab es auch Zeugen für seine Aussage, dass er den Mann beim nächsten Zusammentreffen umbringen werde. ›Und zwar so, wie du es nie erwarten würdest‹, soll er wörtlich gesagt haben. Meinen Sie denn, die hätten Sie die ganze Zeit in Wien herumspazieren lassen, wenn sie nicht schon von Anfang an gewusst hätten, dass sie diesem Aal nun endlich den Prozess machen könnten?«

»Aber das Motiv?«

»Die beiden kannten sich, und beide hatten sie einiges auf dem Kerbholz. Möglicherweise wollte der eine dem andern sogar den Pfeil entwenden, bevor er ihn mir verkaufte, um daraus selber Profit zu schlagen. Jedenfalls fand der Mörder den Pfeil und erschoss damit den Mann, der mir das Geschoss verkauft hatte.«

»Dann hat also der eine den anderen umgebracht, sozusagen ein Mord unter Ganoven, jetzt verstehe ich endlich«, fasste Birnbaum erleichtert zusammen, »und Sie wollten mich mit dieser Schauergeschichte erschrecken.«

»Ich glaube, Sie verstehen nicht ganz. Das eben Geschilderte ist die schlüssige Sichtweise der Polizei. Nicht schlecht. Nur bei dem Mörder haben sie auf den Falschen getippt. Ich habe nämlich Sie den Schuss abgeben sehen. Das kann ich hier beschwören. Da aber beide Bösewichte ihre Strafe bekommen haben, ist für mich die Sache abgeschlossen. Sie müssen also keine Angst haben. Ich werde Sie sicher nicht verpfeifen.«

Birnbaum fasste sich an den Kopf. Beide sagten längere Zeit nichts. Da Birnbaum immer bleicher wurde, öffnete Mendoz das Fenster, und frische Luft strömte herein. Birnbaum trat ganz nahe an die Fensterbrüstung, schaute hinaus und atmete mehrmals tief durch. Es tönte so, als ob er am Ertrinken wäre.

»Und wenn ich zur Polizei gehe und erzähle, was wirklich geschehen ist?« fragte er mit zitternder Stimme.

»Vergessen Sie's. Ich habe nichts gesehen. Die Polizei hat ihren Mörder. Dort würde Ihnen also niemand glauben. Sie würden denken, das Ganze hätte Ihnen so zugesetzt, dass Sie sich nun allerlei zusammenphantasieren. Tatsache ist, dass nur wir zwei wissen, was sich wirklich zugetragen hat. Das bleibt unser Geheimnis.«

Der Schmerz in Birnbaums Kopf wurde intensiver. Er suchte nach Worten, schaute dabei um sich, und es flimmerte vor seinen Augen, so als ob in der Ferne Blitze zuckten. Er sah neben dem Bücherregal drei kleine Bilder in Postkartengrösse an der Wand hängen, die sich unmerklich zu bewegen schienen. Was darauf abgebildet war, brachte er nicht recht mit den Naturwissenschaften unter ein Dach: ein Drache, eine Seejungfrau, ein Einhorn. Es war, als ob in einem dunklen Tunnel plötzlich jemand mit einem Fotoapparat blitzt, und dann ist es wieder dunkel. Doch die Bilder leuchten nach, tauchen ab und suchen sich an einer anderen Stelle ihren Weg ins Bewusstsein. Wie wenn ein Haus brennt und das Feuer an allen Gegenständen leckt, so wirbelten die Gedanken und Gefühle in Birnbaum durcheinander.

Er sah eine Frau auf einem Pferd reiten. Sie flüsterte ihm etwas zu, lachte hell auf, so dass das Wasser des Neusiedlersees aufspritzte. Da war die gespannte Sehne, der zitternde Pfeil im Flug, da war seine Hand, das schwarzrote Blut, ein feuerspeiender Drache, da war Juditta, die ihm zuredete, da war eine Schlange, ein Zischeln, das sich langsam in etwas verwandelte, da war seine Frau, die Tochter Samantha, der Scheidungsrichter, der ihm das

Urteil ins Ohr flüsterte und dabei hämisch grinste, und alle riefen sie plötzlich durcheinander wie ein wild gewordenes Orchester, da waren die Katzen mit ihren gelben Augen, die mit ihren Zähnen fletschten, als wollten sie ihn auffressen, da waren Bänder von dünnen, roten Linien, es wurden immer mehr, gesponnen von einer unsichtbaren Spinne. Plötzlich sah er eine gewaltige Hand, welche eine Schlange am Kopf packte, doch die verwandelte sich in eine Peitsche, die unbarmherzig auf ihn niedersauste, er stand plötzlich mitten in einem Boxring, die Scheinwerfer blendeten ihn, die Zuschauer feuerten ihn an, doch sein Gegner war wie ein Schatten, und dieser Schatten wich ihm geschickt aus, preschte dann schnell vor und verpasste ihm einen Haken und noch einen. Joseph Birnbaum schmeckte das Blut und den salzigen Schweiss auf seiner Zunge, doch er konnte sich nicht bewegen, Rotz und Tränen suchten sich ihre Bahn über sein überhitztes, geschundenes Gesicht, und er sah unter den zugeschwollenen Augenlidern eben noch, wie aus den Körpern der Zuschauer ein weisser Schaum zu quellen begann, immer mehr, bis sie davon ganz bedeckt waren und langsam durchsichtig wurden, um sich schliesslich gänzlich aufzulösen.

Über den Autor

Gianni Kuhn, geboren 1955 in Niederbüren in der Schweiz, Besuch der Kunstgewerbeschule, Studien in Germanistik, Kunstgeschichte und Philosophie in Zürich, Studienaufenthalte in Paris und New York, lebt und schreibt in Frauenfeld. Von ihm sind bislang Gedichtbände, Prosa sowie ein Roman erschienen.

Neue schweizerische Literatur bei Isele

Daniel Bürgin: Kwannon *(Kurzgeschichten aus Japan)*

Markus Bundi: Entsichert *(Gedichte)*

Markus Bundi: Das Grinsen des Horizonts
(Prosa und Gedichte)

Beat Eberle: Ein Vormittag in der Schweiz *(Prosa)*

Irene Escher: Manchmal heißt sie Fränzi *(Erzählung)*

Hannelore Fischer: 13 Romanzen *(Schräge Kurzgeschichten)*

Christian Haller: Kopfüberland oder Die Reise zu den Bäumen *(Eine Geschichte)*

Christian Haller: Der Fernseher ist kein schlechter Priester *(Gedichte)*

Christian Haller: Am Rand von allem *(Gedichte)*

Jochen Kelter: Aber wenigstens Wasser *(Gedichte)*

Mara Kempter: Hin und zurück *(Gedichte)*

Gianni Kuhn: alpseen. meerkanten. anderorten *(Gedichte)*

Gianni Kuhn: festland für matrosen *(Gedichte)*

Gianni Kuhn: Der Falschspieler *(Roman)*

Gianni Kuhn: Splitter der Tage *(Prosa)*

Gianni Kuhn: Amor als Sieger *(Erzählung)*

Ana Lang: Die schöne Zürcherin *(Roman)*

Verena Lang: Schmetterlinge träumen *(Erzählung)*

Alex Melzer: Die Konkurrenz-Chaussée *(Roman)*

Adrian Naef: Die Rechenmachers *(Roman)*

Iren Nigg: Fieberzeit *(Kurzprosa)*

Iren Nigg: Man wortet sich die Orte selbst *(Prosa)*

Walter Nigg: Man kann es schon schön haben – auch für wenig Geld *(50 Geschichten)*

Konrad Pauli: Ein Heldenleben *(Roman)*

René Peter: wortfische *(Gedichte)*

Hans Jörg Rheinberger: Stundenhaufen *(Gedichte)*

Markus Stegmann: Die Lachsen. Die Leichen *(Gedichte)*

Markus Stegmann: Fuchsverbiss *(Gedichte)*

Markus Stegmann: Les guerres, les chansons *(Gedichte)*

Isabelle Stamm: Zwillings Welten *(Roman)*

Sylvia Steiner: Wenn Buchstaben zusammenstehn *(Gedichte)*

Christine Trüb: Mit Venedig beginnen *(Erzählung)*

www. edition-isele.de

Verlag und Autor danken der Stadt Frauenfeld, der Thurgauischen Kulturstiftung Ottoberg sowie der Dr. Heinrich Mezger-Stiftung für die freundliche Unterstützung bei der Veröffentlichung dieses Buches.